21世纪高等院校规划教材·公共课系列

本书获贵州省高校"王万江名师工作室"和贵州省级"金课"社会实践一流课程
"思想政治理论课实践教学"资助

高校思想政治理论课实践教学概论

■ 禹辉映　黄鑫权　王万江　主编

图书在版编目（CIP）数据

高校思想政治理论课实践教学概论/禹辉映，黄鑫权，王万江主编. —北京：北京大学出版社，2022.3
21世纪高等院校规划教材·公共课系列
ISBN 978-7-301-32907-8

Ⅰ.①高… Ⅱ.①禹… ②黄… ③王… Ⅲ.①思想政治教育 – 教学实践 – 中国 – 高等学校 – 教材 Ⅳ.①G641

中国版本图书馆CIP数据核字（2022）第032918号

书　　　名	高校思想政治理论课实践教学概论 GAOXIAO SIXIANG ZHENGZHI LILUNKE SHIJIAN JIAOXUE GAILUN
著作责任者	禹辉映　黄鑫权　王万江　主编
责 任 编 辑	李　玥
标 准 书 号	ISBN 978-7-301-32907-8
出 版 发 行	北京大学出版社
地　　　址	北京市海淀区成府路205号　100871
网　　　址	http://www.pup.cn　新浪微博：@北京大学出版社
电 子 邮 箱	编辑部zyjy@pup.cn　总编室zpup@pup.cn
电　　　话	邮购部010-62752015　发行部010-62750672　编辑部010-62704142
印 刷 者	北京圣夫亚美印刷有限公司
经 销 者	新华书店
	730毫米×980毫米　16开本　14印张　175千字 2022年3月第1版　2025年1月第4次印刷
定　　　价	39.00元

未经许可，不得以任何方式复制或抄袭本书之部分或全部内容。
版权所有，侵权必究
举报电话：010-62752024　电子邮箱：fd@pup.cn
图书如有印装质量问题，请与出版部联系，电话：010-62756370

前 言

高校思想政治理论课实践教学是高校思想政治理论课教学的重要组成部分。改革开放以来，我国高等学校社会实践教学经历了萌芽、全面展开、创新服务等发展阶段，其中高校思想政治理论课实践教学是自《中共中央宣传部 教育部关于进一步加强和改进高等学校思想政治理论课的意见》（教社政〔2005〕5号）（以下简称"05方案"）实施之后，才真正开始进入发展的"快车道"。2004年8月，中共中央、国务院颁布了《关于进一步加强和改进大学生思想政治教育的意见》（中发〔2004〕16号）。该文件指出："社会实践是大学生思想政治教育的重要环节,对于促进大学生了解社会、了解国情,增长才干、奉献社会,锻炼毅力、培养品格,增强社会责任感具有不可替代的作用。要建立大学生社会实践保障体系，探索实践育人的长效机制，引导大学生走出校门，到基层去，到工农群众中去。高等学校要把社会实践纳入学校教育教学总体规划和教学大纲，规定学时和学分，提供必要经费。"[①]

---

① 教育部思想政治工作司. 加强和改进大学生思想政治教育重要文献选编（1978—2014）[M]. 北京：知识产权出版社，2015：267.

根据《关于进一步加强和改进大学生思想政治教育的意见》(中发〔2004〕16号)的精神,中共中央宣传部、教育部于2005年2月颁布了"05方案"。"05方案"明确指出:"高等学校思想政治理论课所有课程都要加强实践环节。要建立和完善实践教学保障机制,探索实践育人的长效机制。围绕教学目标,制定大纲,规定学时,提供必要经费。加强组织和管理,把实践教学与社会调查、志愿服务、公益活动、专业课实习等结合起来,引导大学生走出校门,到基层去,到工农群众中去。要通过形式多样的实践教学活动,提高学生思想政治素质和观察分析社会现象的能力,深化教育教学的效果。"[1] "05方案"对高校思想政治理论课实践教学的重要意义和课程设置、教学安排、教学经费、组织管理等教学环节作出了明确的规定,为高校有序推进高校思想政治理论课实践教学活动提供了政策依据。为进一步落实"05方案"中关于高校思想政治理论课实践教学的相关规定,2008年9月,中共中央宣传部、教育部下发了《关于进一步加强高等学校思想政治理论课教师队伍建设的意见》(教社科〔2008〕5号)。该文件提出:要"完善实践教学制度",并明确"要从本科思想政治理论课现有学分中划出2个学分、从专科思想政治理论课现有学分中划出1个学分开展本专科思想政治理论课实践教学。要探索实践育人的长效机制,提供制度、条件和环境保障,确保不流于形式"。[2] 高校思想政治理论课实践教学学分的设定,为进一步规范高校思想政治理论课实践教学提供了制度性规定。2011年1月,教育部专门印发的《高等学校思想政治理论课建设标准(暂行)》(教社科〔2011〕1号)中明确

---

[1] 教育部思想政治工作司.加强和改进大学生思想政治教育重要文献选编(1978—2014)[M].北京:知识产权出版社,2015:295.

[2] 同①,第376页。

提出要将实践教学纳入高校思想政治理论课教学计划，并对实践教学学分、教学内容、指导教师和专项经费等作出了明确规定。正是在不断总结实践教学经验的基础上，2015年1月，中共中央办公厅和国务院办公厅印发了《关于进一步加强和改进新形势下高校宣传思想工作的意见》；7月，中央宣传部和教育部印发了《普通高校思想政治理论课建设体系创新计划》；9月，教育部印发了《高等学校思想政治理论课建设标准》。2018年4月，教育部印发了《新时代高校思想政治理论课教学工作基本要求》。2019年4月，教育部印发了《高等学校马克思主义学院建设标准（2019年本）》；8月，中共中央办公厅和国务院办公厅印发了《关于深化新时代学校思想政治理论课改革创新的若干意见》。2021年9月，中共中央办公厅印发了《关于加强新时代马克思主义学院建设的意见》；11月，教育部印发了《高等学校思想政治理论课建设标准（2021年本）》。2023年8月，教育部印发了《普通高等学校马克思主义学院建设标准（2023年版）》。以上文件都强调要在高校思想政治理论课中加强实践教学。

2019年3月18日，习近平总书记在学校思想政治理论课教师座谈会上明确提出了"八个相统一"，谈到"要坚持理论性和实践性相统一，用科学理论培养人，重视思政课的实践性，把思政小课堂同社会大课堂结合起来，教育引导学生立鸿鹄志，做奋斗者"①。习近平总书记关于"八个相统一"的讲话，为推动思想政治理论课改革创新指明了方向，是思想政治理论课改革创新的基本遵循。那么，高校思想政治理论课怎样才能坚持理论性和实践性相统一？毋庸置疑，其中就包括努力开设好"高校思想政治理论课实践教学"这门课程。2020

---

① 习近平.习近平谈治国理政：第三卷[M].北京：外文出版社，2020：331.

年12月18日，中共中央宣传部、教育部制定印发了《新时代学校思想政治理论课改革创新实施方案》。该方案明确要求："各高校要规范实践教学，把思想政治教育有机融入社会实践、志愿服务、实习实训等活动中，切实提高实践教学实效。"

　　为进一步深入贯彻落实党中央、国务院以及教育部等部门关于高校思想政治理论课实践教学的要求，全面推动习近平新时代中国特色社会主义思想进教材、进课堂、进头脑，我们编写了《高校思想政治理论课实践教学概论》这本教材。本教材共分五章：第一章，高校思想政治理论课实践教学的内涵、目标及作用；第二章，高校思想政治理论课实践教学的发展历程、依据及主要原则；第三章，高校思想政治理论课实践教学的组织、内容及方式；第四章，高校思想政治理论课实践教学的实施、管理及保障体系；第五章，高校思想政治理论课实践报告的撰写规范及考核评价。附录部分主要介绍贵州医科大学思想政治理论课实践教学的发展概况、教学安排及社会实践报告撰写规范。

　　在本教材的编写过程中，我们学习、借鉴了一些学者、专家的相关研究成果，对此我们深表感谢。囿于水平和能力，本教材难免有疏漏之处，期待读者批评指正！

编　者
2022年1月

本教材配有教学课件或其他相关教学资源，如有老师需要，可扫描右边二维码关注北京大学出版社微信公众号"未名创新大学堂"（zyjy-pku）索取。

· 课件申请
· 样书申请
· 教学服务
· 编读往来

目 录

第一章 高校思想政治理论课实践教学的内涵、目标及作用……… 1
 第一节 高校思想政治理论课实践教学的内涵……………… 3
 第二节 高校思想政治理论课实践教学的目标……………… 16
 第三节 高校思想政治理论课实践教学的作用……………… 20

第二章 高校思想政治理论课实践教学的发展历程、依据及主要原则… 25
 第一节 高校思想政治理论课实践教学的发展历程………… 27
 第二节 高校思想政治理论课实践教学的依据……………… 35
 第三节 高校思想政治理论课实践教学的主要原则………… 45

第三章 高校思想政治理论课实践教学的组织、内容及方式……… 49
 第一节 高校思想政治理论课实践教学的组织……………… 51
 第二节 高校思想政治理论课实践教学的主要内容………… 58
 第三节 高校思想政治理论课实践教学的主要方式………… 74

第四章　高校思想政治理论课实践教学的实施、管理及保障体系 ·· 115
　　第一节　高校思想政治理论课实践教学的实施 ·················· 117
　　第二节　高校思想政治理论课实践教学的管理 ·················· 156
　　第三节　高校思想政治理论课实践教学的保障体系 ············ 161

第五章　高校思想政治理论课实践报告的撰写规范及考核评价 ······ 169
　　第一节　高校思想政治理论课实践报告的撰写规范 ············ 171
　　第二节　高校思想政治理论课实践报告的考核评价 ············ 191

附录1　贵州医科大学思想政治理论课实践教学发展概况 ············ 195
附录2　贵州医科大学思想政治理论课实践教学安排及社会实践
　　　　报告撰写规范 ·· 203

参考文献 ·· 212

第一章 高校思想政治理论课实践教学的内涵、目标及作用

第一节　高校思想政治理论课实践教学的内涵

实践教学是当前高校思想政治理论课教学中不可替代的重要环节。新时代，高校思想政治理论课面临新的机遇和挑战，高校思想政治理论课实践教学的重要性和迫切性更加突出。那么，究竟什么是高校思想政治理论课的实践教学？它与教师和同学们熟悉的高校思想政治理论课理论（课堂）教学、一般的社会实践活动和各类专业课的实践教学有什么区别和联系？这是开展高校思想政治理论课实践教学的每一个教师和学生首先必须搞清楚的问题。

一、实践教学

（一）内涵

"实践教学"的概念由"实践"和"教学"两个词组成。因此，我们在弄清"实践教学"的科学内涵前，首先必须正确理解"实践"和"教学"的含义。

何谓"实践"？按照《现代汉语词典》（第7版）的解释，"实践"一词包括两层含义：一是指实行（自己的主张），履行（自己的诺言）；二是指人们有意识地从事改造自然和改造社会的活动。历史上，不同的人对"实践"的理解是不同的。在古代，我国先辈就已关注实践的重要性，宋代著名诗人陆游曾用"纸上得来终觉浅，绝知此事要躬行"的优美诗句来表达实践的重要性。作为一种社会现象，实践同样也引起西方哲学家的关注。在西方哲学史上，把"实践"一词正式引入哲学领域的是德国哲学家费希特，他还提出了"理论理性"和"实践理性"的概念。然而，他的这一诠释还只是将实践活动理解为抽象的精神活动，仍然没有超越唯心主义的藩篱。另一位德国哲学家费尔巴哈则提出了不同的观点，他将生活与实践联系起来，提出"人的实践活动是感性的活动"的观点。他的这一解释对人们认识实践有一定的积极作用，但也存在一些不足。马克思在《关于费尔巴哈的提纲》一文中指出："从前的一切唯物主义——包括费尔巴哈的唯物主义——的主要缺点是：对对象、现实、感性，只是从客体的或者直观的形式去理解，而不是把它们当作人的感性活动，当作实践去理解，不是从主体方面去理解。因此，结果竟是这样，和唯物主义相反，唯心主义却把能动的方面发展了，但只是抽象地发展了，因为唯心主义当然是不知道现实的、感性的活动本身的。"①

马克思正是在批判地继承前人的基础上，克服了以往唯心主义关于"实践"一词的片面性理解问题，提出实践是以感性的外在化的方式体现着人的内在本质力量，是人的现实的感性活动，人类的实践活动体现了主体客体化和客体主体化的统一。从主体和客体的关系诠释实践概念

---

① 中共中央马克思恩格斯列宁斯大林著作编译局. 马克思恩格斯选集：第一卷[M]. 北京：人民出版社，2012：137.

的内涵，是理解实践概念的基本立足点。主体和客体属于活动论范畴，实践、认识和价值所体现的都是主体和客体之间的关系。其中，主体就是在一定的历史条件下进行实践活动的人，即现实的人；而客体则是实践活动所指向的对象。实践只是主体与客体相互作用的活动之一，还包括认识活动、审美活动和价值活动等。事实上，实践既是人改变世界的活动，即主体改变客体的活动，又是创造价值的活动。一般来说，人类实践活动主要包括创造物质财富的生产实践活动、处理社会关系的管理实践活动和交往实践活动、探索真理的科学实践活动。

何谓"教学"？"教学"一词的内涵有广义和狭义之分。现代教育学认为：广义的教学是指和社会生活等同的所有经验、知识的传授或获得的活动；而狭义的教学是指在一定的教育目的导向下，由教师的"教"和学生的"学"所共同组成的一种教育活动。一般意义上的"教学"往往是从狭义的角度来理解的。通过教师有计划、有目的、有组织的教学活动，学生不仅可以能动地学习、掌握系统的科学文化知识，而且可以提升个体的身体素质，养成良好的生活习惯和品行，逐步形成健全的个性品质。

实践教学是相对于理论教学而言的。根据上述关于"实践"和"教学"两个概念的解释，所谓实践教学就是指：教师根据学校课程内容与学生特点，旨在让学生能够将课堂所学的理论知识自觉运用到实践中，进而提升学生综合素质和能力的一种有计划、有目的的实践活动。

（二）基本要素

为进一步理解实践教学的内涵，有必要明确这一教学活动所涉及的主体、客体、目的、手段和结果等五个基本要素。

1. 实践教学的主体

实践教学的主体回答的是"谁是实践教学的承担者""谁在教"的问题。教学活动是一种特殊的实践活动,实践教学的主体至少可以从两个方面去理解:一方面,在现有的教学活动中,教师是实践教学的组织者、承担者,在整个教学过程中按照一定的教学目的和教学要求开展教学活动,学生是教师的授课对象,因此,教师是主体,学生是客体;另一方面,学生是实践活动的参与者,在参与过程中,既是认知(实验)对象,同时还是实际改造(生产)对象,因此从这个意义上来说,学生又是主体。所以,在开展实践教学活动过程中,就必须充分发挥教师和学生的双主体作用。

2. 实践教学的客体

实践教学的客体回答的是"谁是实践教学的对象"的问题。同样,实践教学的客体也可以从两个方面去理解:一方面,在实践教学过程中,学生是受教育者、实践教学的作用对象,是相对于教师这一主体的客体;另一方面,学生在实践教学过程中又是认知者或改造者的角色,从这一层面来看,学生是主体,而被学生认知(实验)或改造(生产)的对象便是客体,如实验材料、生产实习的劳动对象等。

3. 实践教学的目的

任何一项教学活动都有其想要达到的目的,实践教学也不例外。一般来说,实践教学的目的就是指培养目标。在实践教学过程中,教师是贯彻和实施培养目标的具体行动者。他们主要根据学校培养目标,结合课程实际、学生实际和教学实际,将培养目标具体化、细化到实践教学环节中,使学生获得知识或技能。与此同时,学生在学习过程中也有个人的学习目标。学生的学习目标和实践教学的培养目标有时候会不一致，但从总体上来看，实践教学的培养目标和学生的学习目标二者是一致的，并且也只有一致才能够实现教学的最大效能。

4. 实践教学的手段

实践教学的手段对实践教学效果起着十分重要的作用。好的实践教学手段，往往能够提升实践教学的效果，而如果实践教学手段运用不当，则会影响实践教学的效果。实践教学手段是主体作用于客体的中介，是主体将教学意图和作用力传导给实践教学客体的过程。在实践教学过程中，手段的含义是非常宽泛的，既可以是实践教学的工具，也可以是实践教学的方式、方法，甚至还包括实践教学的场所、环境等。

5. 实践教学的结果

实践教学的结果是指实践活动所达到的效果，是实践目标的客观体现。其最直接的表现，就是实践教学的质量，最终落脚到人才培养的质量上。

二、高校思想政治理论课实践教学

（一）内涵

正确理解高校思想政治理论课实践教学的内涵是有效推进思想政治理论课实践教学的基础。目前，学术界对高校思想政治理论课实践教学的内涵有不同的理解。如：有学者从课程的角度将高校思想政治理论课实践教学看作是以学生思想道德教育实践活动为主要载体和以学生获得思想道德方面直接经验为组织形式的一种教学形态；有学者从教学内容的角度将高校思想政治理论课实践教学看作是"社会实践性内容"的教学；有学者从教学方式的角度将高校思想政治理论课实践教学看作是一种教学方法、教学途径和教学环节的范畴……总之，上述关于高校思想政治理论课实践教学概念的诠释，从不同的侧面、不同的角度反映了当前我国学者对高校思想政治理论课实践教学研究和高校探索思想政治理论课实践教学改革的成果。

根据马克思主义的实践观和相关文件的精神，我们将高校思想政治理论课实践教学的内涵界定为：高校思想政治理论课实践教学是指按照高校思想政治理论课的教学目标，以理论教学为基础，以教师为主导所开展的有目的、有计划地以组织或引导学生主动参与、体验为基本形式并以学生综合素质整体性提升为目的的一种教学活动。

在我国，高校思想政治理论课实践教学这门课程是以马克思列宁主义、毛泽东思想、邓小平理论、"三个代表"重要思想、科学发展观、习近平新时代中国特色社会主义思想为指导，根据中共中央、国务院，以及中共中央宣传部、教育部等文件精神，从提高大学生思想政治素质能力出发，在高校思想政治理论课进行理论教学的基础上开设的一门旨在培养大学生实践能力的综合性应用课程。高校思想政治理论课实践教学作为一门课程，与其他课程一样，有科学、系统的教学目标和培养方式。目前在很多高校，思想政治理论课实践教学都是作为大学生的公共必修课程，有明确的教学目标、教学学时、教学基地等，与其他专业课课程有着一样的"待遇"。

因此，在理解高校思想政治理论课实践教学时，我们应该把握好以下几点：第一，高校思想政治理论课实践教学必须遵循思想政治理论课的教学目标，要引导学生在参与高校思想政治理论课实践教学的过程中形成正确的"三观"，提高发现问题、分析问题、解决问题的能力；第二，高校思想政治理论课实践教学与高校思想政治理论课密切相关，因而实践教学的内容应该体现高校思想政治理论课的教学内容，否则就会变成一般意义上的实践教学课程；第三，高校思想政治理论课实践教学必须在教师有目的、有计划的指导下进行，离开教师指导的高校思想政治理论课实践教学不能称为真正意义上的实践教学；第四，高校思想政治理论课实践教学同样离不开学生的主动参与，也就是说，高校思想政治理论课实践教学必须充分发挥学生主动性、积极性和创造性，必须让学生积极主动地参与到实践活动中。

（二）特征

为进一步理解高校思想政治理论课实践教学的内涵，我们还有必要搞清楚高校思想政治理论课实践教学的特征。具体而言，高校思想政治理论课实践教学主要包括思想性、实践性、社会性、学习性、组织性、课程性、多样性等几个方面的鲜明特征。

1. 思想性

思想性是从高校思想政治理论课实践教学的目的来说的。实践教学是连接学校教育和社会教育的纽带，学校教育与社会教育是一个统一结合的过程，可以让大学生在实践教学过程中进一步地深化他们在课堂上所学到的思想认识，同时也可以用理论来指导社会实践中遇到的实际问题，提高自己的能力和素质，这是一个双向受益的过程。虽然大学生专业课实践、专业实习以及一般的课外活动都有教育的功能，但它们主要培养大学生的专业能力，而这里的实践教学主要以思想政治教育为主，主要目的是提高大学生的思想政治素质。

2. 实践性

实践性主要是指高校思想政治理论课实践教学是由大学生通过参加各种实践活动来完成的，它不像课堂学习那样主要是被动地听教师讲授，而是强调学生个体主动参与，通过看、听、行亲自体验和感受现实社会来进行学习。无论哪种形式的社会实践活动都必须是现实的、真实的，学生在这些实践活动中，自觉地将书本上或课堂上所学的知识和理论运用来分析问题、解决问题，以提高自己的社会实践能力。

3. 社会性

社会性主要是指高校思想政治理论课实践教学不是在课堂上完成的，而是大学生走出校门、在社会中完成的。虽然大学校园从一定意义上说也是社会，但毕竟大学校园与校园外的社会是有很大差别的。高校思想政治理论课实践教学重点强调社会实践，要求大学生必须走出校门，参加各种社会活动，亲自融入现实社会生活中去。因此，实践教学与课堂教学、课内实践（如观看录像、课堂讨论、课堂演讲、课堂辩论小组汇报、学生讲课、情景再现、角色扮演、微视频以及原著的研读、专题研究、听专题讲座和报告等）有显著的差异。

4. 学习性

学习性主要强调高校思想政治理论课实践教学的功能。高校思想政治理论课实践教学的主体之一便是大学生，其最主要任务就是学习，而学习活动又制约和影响着大学生活的方方面面。这是由学习角色和大学教育的根本任务所决定的。学习性实践教学主要是指以学习、应用和创新知识为基本特征的社会实践活动。因此，不能把高校思想政治理论课实践教学等同于一般的娱乐性课外活动，更不能等同于参观、旅游等。

5. 组织性

组织性是指高校思想政治理论课实践教学是有目的、有计划、有组织地开设的课程。它纳入了学校的教学计划，有专门的实践教学经费、实践教学基地以及学时与学分,由学校相关职能部门下达教学任务、制定课程表,负责高校思想政治理论课教学的相关部门制定教学大纲、安排任课教师与教学任务、统一组织教学并开展实践活动,有规范的考核方式、成绩评定办法和严格的制度及纪律要求。

6. 课程性

课程性是高校思想政治理论课实践教学区别于其他实践活动的一个显著特征。它是一种课程意义上的实践教学过程,与课程的理论教学相呼应,具有一定的课程结构、相应的实施规范和考核办法,集中体现出实践教学服务于课堂教学的教育教学本质。这个特征规定了高校思想政治理论课实践教学活动的指向性和目的性,是其活动开展的基本前提。只有使学生通过课堂的理论教学,具备一定的思想政治理论知识,才能组织学生有针对性地开展高校思想政治理论课实践教学活动,才能使高校思想政治理论课的理论教学内容在实践活动中得以应用和证实,从而达到实践教学预期的目的。

7. 多样性

多样性是从高校思想政治理论课实践教学的对象、内容、方式和时间这几个方面来说的。从对象来看,高校思想政治理论课实践教学面向高校所有专业的学生,参与的对象非常广泛;从内容来看,高校思想政治理论课实践教学的内容非常丰富,包括革命传统教育,对国情、省情、乡情的初步认识,了解我国改革开放和经济建设的实际情况以及发展状况,了解我国公民素质和公民意识现状,了解我国农村的有关情况,了解我国企业的有关情况,了解身边的先进事迹和先进人物,等等;从方式上看,高校思想政治理论课实践教学并不拘泥于一种固定的方式,有参观考察、社会调查、"三下乡"活动、志愿者服务、生产劳动、勤工俭学、公益活动、科技发明、结合所学专业开展的见习活动，等等；从时间上看，高校思想政治理论课实践教学可以在上课时间进行，也可以在节假日进行。

（三）相关概念辨析

高校思想政治理论课实践教学，既不同于高校思想政治理论课的理论教学，也不同于一般课外活动，更不同于大学生的专业课的实践和专业实习。

1.高校思想政治理论课实践教学与高校思想政治理论课理论（课堂）教学

高校思想政治理论课教学包括理论教学和实践教学，两者既密切相关又相对独立。高校思想政治理论课实践教学不同于高校思想政治理论课理论教学，前者是后者的实践化、应用化的活动过程。实践教学是在理论教学的基础上，通过实践活动来巩固和加深学生掌握理论、认同理论的程度和应用理论的能力，从而检验理论学习的效果，对于提高学生的思想政治素质有着理论教学不可替代的作用。从课程形式看，理论教学以课堂教学和理论学习为主，而实践教学则以实践活动为主，即让学生在"做"中学。从课程主体看，理论教学主要是以教师为中心，学生只是被动地进行学习，而实践教学则是以学生为中心，学生成为学习的主动参与者。从课程客体看，理论教学比较重视间接经验的学习，通过对人类社会已有的实践结果的学习、运用和掌握来获取知识；而实践教学比较强调从学生的直接经验出发来学习，强调学生从实践中亲自感受和体会来获取知识。从课程目的看，理论教学主要以获取知识、掌握理论为目的，而实践教学则注重知识和理论的运用，注重能力的培养。这里尤其要注意的是不能把理论教学中的感知性实践即课内实践,完全等同于实践教学。虽然,广义的实践教学也包括课内实践,但学生并没有直接参加社会活动,而只是通过一些课堂活动间接地感受和体验现实社会,这种教学方式是理论教学的一种辅助形式,而且较容易做到。本书中所称的"实践教学",重点突出社会实践,学生必须走出课堂和学校,进入社会,通过参加社会活动直接地感受和体验现实社会。

尽管高校思想政治理论课实践教学与理论教学存在着一定的区别,但两者之间仍然有着内在联系,即两者都属于教学范畴,都是高校思想政治理论课教学的有机组成部分和必要环节,它们都统一于高校思想政治理论课教育教学的体系之中,都是实现高校思想政治理论课教育教学目的的重要环节;理论教学是实践教学的前提和基础,实践教学是理论教学的延伸和补充。值得注意的是,在理论教学与实践教学的关系中,理论教学始终是高校思想政治理论课教学的主阵地或主要方式,实践教学只是高校思想政治理论课教学的辅助环节和手段。高校思想政治理论课的理论教学与实践教学的这种主辅关系,不论在什么时候都不能颠倒。对此,我们一定要有清醒的认识。

2.高校思想政治理论课实践教学与一般的课外活动及专业课实践(或专业实习)

高校思想政治理论课实践教学与一般的课外活动也不同。首先,实践教学与课外活动虽然都是由学生的实践活动构成,但实践教学是一门课程,所涉及的实践活动是课程意义上的活动,纳入学校的教学计划,是学校正常教学的重要组成部分;而一般的课外活动则是学校教学计划以及大纲以外的活动,是对教学的一种补充,常常被看作"第二课堂"或者是"第二渠道",因而在时间、场地、内容和指导教师等方面得不到充分的保障。其次,作为课程,实践教学是有目的、有组织、有计划、有系统的长期教育活动,有一定的课程结构和相应的实施规范,而课外活动往往都是一些短期、暂时的活动,比较松散零碎。因此,不能将实践教学与一般的课外活动等同起来,更不能将实践教学庸俗化,将任何课外活动都说成是实践教学。

  高校思想政治理论课实践教学也有别于大学生的专业实习。各所高校在大学生的专业实习方面有一套成熟的办法和经验,如强化学生专业实习的计划性与指导方式,提高实践育人的效果等,这些可以为高校思想政治理论课实践教学所借鉴,但两者却有着本质的不同。专业实习,是指各种专业的学生在教师的指导下,进入具体的实践或工作环境中,综合运用所学基础理论和专业知识,分析和解决实际问题,培养其独立工作的能力。专业实习是大学生毕业以后融入社会、融入新的工作环境的最后环节和重要阶段,可以说是大学生对工作的一种演习。与高校思想政治理论课实践教学相比,专业实习的目的主要是巩固、深化大学生在校园中所学的专业知识,培养大学生分析和解决实际问题的能力,使其具有初步的实际工作能力和专业技能。而高校思想政治理论课实践教学的目的则主要是让大学生通过接触实际、了解社会,提高他们的思想政治道德素质。

  3.高校思想政治理论课实践教学与一般的社会实践活动

  尽管高校思想政治理论课实践教学具有一般社会实践活动的某些特征和形式,但它在本质上不同于一般的社会实践活动。就内涵而言,一般的社会实践活动是主体通过中介系统改造客观世界,实现客体价值的客观物质活动;而高校思想政治理论课实践教学则是旨在改造主观世界和优化主体能力的现实性活动。就活动的目的而言,一般的社会实践活动以对客观世界或特定客体的改造为目的，而高校思想政治理论课实践教学则以培育和优化主体的能力为目的。由此看来，高校思想政治理论课实践教学与一般的社会实践活动有着确定的界限，我们不能把两者混同起来。但是，我们又要看到两者的共同性，即高校思想政治理论课实践教学具有一般的社会实践活动的某些特点。

高校思想政治理论课实践教学是一种既与理论教学、一般的专业实习和社会实践活动相区别，又与其相联系的教育教学活动。说到底，它本质上就是一种具有实践活动的某些特点和形式的教育教学活动。

第二节　高校思想政治理论课实践教学的目标

高校思想政治理论课实践教学的目标，即学生通过实践教学活动，在理解和掌握思想政治理论知识，塑造和提升自身的思想政治素质和践行能力方面应该达到的标准或者水平，它在整个实践教学过程中起着导向作用。这里的实践教学不是高校思想政治理论课之外的一个课程系统和教学系统，因而其教学目标不能偏离高校思想政治理论课的教育教学目标，而是要服务于高校思想政治理论课的总体目标，并与其协调一致。高校思想政治理论课的总体目标是让大学生通过学习马克思主义基本理论与马克思主义中国化时代化的理论成果，学会运用马克思主义的立场、观点和方法，认识问题、分析问题和解决问题，从"两个大局"出发思考、处理问题，正确认识中国国情和人类社会发展的一般规律，坚定走中国特色社会主义道路，深刻领会实现中华民族伟大复兴中国梦的历史使命，树立正确的世界观、人生观、价值观、道德观和法治观，成为德智体美劳全面发展的社会主义建设者和接班人。因此，围绕总体目标，高校思想政治理论课实践教学要注重针对思想政治理论课学习重点、难点以及社会热点，结合大学生的兴趣和关注点，把课堂讲授的思想政治理论和大学生的学习实践、生活实践、校园实践、与课程内容相关的校外实践结合起来，形成针对性和操作性强的、具有多层性和多维性的高校思想政治理论课实践教学的具体目标体系。

一、高校思想政治理论课实践教学的价值观目标

马克思主义强调社会生活在本质上是实践的，实践的观点是马克思主义哲学的首要的和基本的观点，实践育人是马克思主义实践观在高等教育领域的直接运用。高校思想政治理论课实践教学尤其注重社会实践的育人价值，最核心的教学目标就是育人目标，即情感态度价值观目标。高校思想政治理论课实践教学的有效开展，为大学生提供了接触社会、直面社会的机会；使大学生更多地了解社会生活，自觉砥砺品行、完善人格、加强能力塑造；使大学生的所学、所得内化为科学的世界观和方法论，进而转化为对党和国家的路线、方针、政策的认同，增强对国家、民族、人民的认同和热爱；使大学生对为共产主义事业奋斗终身的理想和信念更加坚定，学会把个人的前途命运和自我价值的实现与国家的发展联系起来，坚定中国特色社会主义共同理想，坚持"四个自信"，树立家国情怀，自觉肩负起实现中华民族伟大复兴的重要使命；使大学生将课堂理论与社会实践紧密结合，通过实践的检验和充实，做到真学、真懂、真信、真用，自觉用科学理论指导自身的实践行为。

二、高校思想政治理论课实践教学的知识目标

高校思想政治理论课实践教学的知识目标主要包括两个方面：一是通过实践教学帮助大学生更好地理解和掌握高校思想政治理论课中的有关知识；二是通过实践教学拓展大学生的社会知识，特别是对世情、国情、民情的认识，以及参加社会实践的基本流程，撰写科研论文、调研报告等方面的基本知识、方法和技巧。

坚持实践对认识的检验和深化作用，是中国传统"知行观"的重要观点，同时也是马克思主义认识论的一个基本观点。高校思想政治理论课实践教学，一方面以高校思想政治理论课教学内容为主题，选择适当的实践方式，让学生在调查、参与、思考、互动的过程中理论联系实际，加深对马克思主义基本理论和中国特色社会主义理论体系的认识、理解和认同，巩固和检验所学的思想政治理论知识；另一方面，通过高校思想政治理论课实践教学，依托教材而又超越教材，引导学生进一步了解世情、国情、民情，从而拓展思想政治理论知识范围，这是高校思想政治理论课实践教学最基本的目标。

三、高校思想政治理论课实践教学的能力目标

通过多种形式的实践教学，以提高大学生主动运用马克思主义的理论、立场、观点和方法思考问题、分析问题和解决问题的能力，这是高校思想政治理论课首要的能力目标。同时，通过实践教学，还能提高大学生的自我管理、人际交往、协调沟通、语言表达等能力。此外，通过形式多样、内容丰富和时空拓展的社会实践教学，促进学生

提高探索研究能力，促进大学生理性思维发展，培养大学生的实践意识和首创精神。

综上所述，实践教学目标具有多维性和多层次要求，总体来讲是为了达到实践育人、立德树人的总体目标。高校思想政治理论课实践教学应在传授基本理论的基础上，突出锻炼大学生的实践能力、培养大学生的社会情感、完善大学生的人格修养，最终促进当代大学生的自由、全面发展，这也是社会主义教育事业的终极目标。

第三节　高校思想政治理论课实践教学的作用

理论联系实际是高校思想政治理论课教学的指导思想和基本原则，实践教学则是理论联系实际的有效形式，也是深化高校思想政治理论课学习、增强教学实效的重要环节。

一、激发大学生对高校思想政治理论课实践教学的认同感

积极心理学认为，主观满意感、乐观、自我决定性等积极人格可以通过积极体验而不断形成和积累。积极体验主要是指个体满意地回忆过去、幸福和从容不迫地感受现在并对未来充满希望的一种心理状态。这种心理状态具有强烈的驱动力、凝聚力，与人的需要是否得到有效满足有很大关系。

高校思想政治理论课实践教学是一种寓教于"行"的教学过程和多种教学方法综合应用的过程，以激励大学生主动参与、主动思考、主动探索为基本特征，以促进学生整体素质全面发展为目的，其形式可分为校内实践和校外实践两大类。校内实践是指组织学生在课堂内

开展演讲、辩论、讨论、案例分析、情景模拟等活动,还包括学生开展的社团活动、校园文化建设、校园文明建设等活动。校外实践则包括社会调查、生产劳动、志愿服务、公益活动、科技发明和勤工助学等社会实践活动。高校思想政治理论课实践教学根据不同年级大学生的身心成长和学习特点设计不同的主题,以系列活动为依托,以人的认知和情感规律为理论依据,将"主动寻找和发现—深刻体会和感受—积极实践和奉献"作为贯穿实践活动的线索,强化实践教学的感染力和影响力。

对于刚进入大学的新生来讲,如何主动地适应大学生活是他们面临的首要问题。以学生需求为本,注重他们内心存在的积极力量并加以培育是高校思想政治理论课实践教学的有效切入点。对于已经适应了大学生活的学生,他们的发展重心就逐渐转变为人际关系的处理、学习目标的确立和学习能力的培养,其需求会体现在如何提高辩证思维能力、如何获得别人的认可与欣赏、如何提升专业实践与研究能力、如何顺利实现就业等方面。高校思想政治理论课实践教学就要以学生的这些需要为切入点,全面深刻地开展并提供指导。如高校思想政治理论课教师可以与学校团委、学校各种社团合作开展多种形式的实践教育活动,如形式多样的主题班会、文明班级的评比、专题教育讲座、参观调研活动、学生骨干培养等,让学生在参与活动的过程中感受到沟通的重要性,积极思考如何处理好各种人际关系,以帮助他们建立融洽的人际关系。此外,可以通过各种形式和层次的"技能比赛"活动,让学生体会到专业技能的重要性,同时自身的才能也得到别人的认可,自我实现的需求得到较好的满足,这样不仅提高了学生的学习兴趣和对将来职业的向往,而且为他们将来能够顺利踏入社会和走向工作岗位奠定了基础。

二、提升大学生参与高校思想政治理论课实践教学的积极性

任何形式的教学都存在教师和学生两个主要因素，两者的积极情感能否体现将是整个实践教学是否有积极意义的关键。高校思想政治理论课教师作为实践教学的组织者，积极做好实践教学的计划并提出要求，并以积极的态度和情感创设实践教学的心理环境，有助于引导和激发大学生参与实践教学的积极性，加深大学生对教学理论内容的实际感知。高校思想政治理论课实践教学本身具有政治导向性、教育体验性和活动社会性等特点，教师结合这些特点以及学生的情感特点，通过有益的和形式多样的实践教学活动可以促进大学生正确"三观"的形成。

首先，教师将积极心理学的理念引入对自身的认识中，关注自己的积极面，挖掘自身的优势和美德，提高自我效能感并用心体验主观幸福感、生活满意感、事业快乐感，拥有自信乐观、求知激情和参与热情，从而让自己的高尚情感、顽强意志、良好的性格去影响和熏陶学生。其次，在实践教学活动中，教师针对社会上出现的问题和学生个体的具体问题，结合具体情境对学生进行积极的回应和引导，做出积极的解释，并使学生从中获得正确的认识和感悟。在实践教学中，教师展现出自身的爱心、责任心、耐心和宽容心，给学生创设一个积极、愉快的氛围，并发挥出教学的积极情感，直抵学生的心灵深处，引发学生的情感认同。最后，在实践教学中，教师要敢于面对学生提出的各类问题，对那些经过思考而提出有一定深度问题的学生给予表扬和

鼓励；对于学生关心的社会热点和有争议的问题，引导学生理性地看待，并表达合理的观点和意见，同时运用哲学的基本观点引导学生辩证、全面地分析问题和选择结果，从而不断在活动中丰富学生的思想、拓宽学生的视野，提高他们分析和解决问题的能力，使其坚定政治立场和理想信念。

三、深化大学生对思想政治理论的思想认识

虽然大学生在课堂上对思想政治理论进行了系统的学习，但学得并不深，对理论的理解往往比较肤浅或片面。理论是抽象的，实践是生动的，思想政治理论能否深深植根于大学生心中，最终取决于其思想政治素质形成的内化机制，即大学生认识、情感、意志、行为习惯等要素的有机联系和共同作用。要做到这一点，就要结合实际开展实践教学，通过大学生看得见、摸得着的实践活动，让大学生去体会、去加工，从而将学到的理论内化为大学生自身的意识，进而外化为大学生的自身行动。深化大学生对马克思列宁主义、毛泽东思想、邓小平理论、"三个代表"重要思想、科学发展观、习近平新时代中国特色社会主义思想的学习，使其在亲身体验中感悟历史使命和社会责任，加深对党的路线、方针、政策的理解，培养和巩固科学的世界观、积极的人生观和正确的价值观，提高思想道德素质，坚定对马克思主义的信仰、中国特色社会主义的信心和中国共产党的信任。与此同时，通过实践教学，大学生与农民、工人、科技工作者和社会各类劳动者广泛接触，他们能更好地了解社会经济发展的各种组织在我国改革开放和经济建设中所起的作用，学习劳动人民的优良品德，增加对祖国、

对家乡、对人民的了解和热爱，增强历史责任感和服务意识，深刻认识我国处于社会主义初级阶段的实际现状，了解在我国加强思想政治教育的必要性、社会公民应具有的基本思想政治意识，把握社会、企事业单位对人才素质特别是人才的思想政治素质及行为规范的基本要求，增强自己学习的主动性和自觉性。

四、促进思想政治理论课教学的改革和发展

思想政治理论课是集中体现国家意志、体现社会主义大学本质特征的课程。高校设置思想政治理论课的目的，是引导和帮助大学生掌握马克思主义的立场、观点和方法，树立正确的世界观、人生观和价值观，确立建设中国特色社会主义的共同理想。这一目的使高校思想政治理论课具有开设的强制性、内容的抽象性、语言的规范性和效果的深远性等特点。这些特点往往使大学生觉得高校思想政治理论课枯燥乏味。因此，要使高校思想政治理论课具有吸引力和说服力，就必须将抽象的理论与鲜活的现实联系起来，用事实说话，以理服人，用事实验证理论，又用理论指导实践。实践教学正是将理论与现实联系起来的中间环节，只有通过实践教学，让大学生参加各种实践活动，才能促进大学生将课堂中获得的理性认识和通过实践获得的感性认识结合起来，使思想政治理论深深植根于心中，增强大学生对思想政治理论的认同感和以此改造主观世界的自觉性，从而提高高校思想政治理论课的教学效果。

第二章 高校思想政治理论课实践教学的发展历程、依据及主要原则

第二章 高校思想政治理论课实践教学的发展历程、依据及主要原则

第一节 高校思想政治理论课实践教学的发展历程

党和政府历来十分重视高等教育中的实践教学建设。党的教育方针在不同时期对实践教学的表述方式虽有些差异,但强调联系实际,坚持教育与生产劳动和社会实践相结合是一以贯之的基本原则和要求。我国高校思想政治理论课实践教学经历了一个曲折发展的过程。在此,仅就"文化大革命"结束、恢复高考后高校思想政治理论课实践教学的演变和发展情况做一简要叙述。

总体看来,高校思想政治理论课实践教学经历了从普遍要求大学生参加课外社会实践活动,到自觉地将实践教学纳入高校思想政治理论课的一个重要教学环节,再到属于高校思想政治理论课教育教学范畴且又设置为一门相对独立的实践教学课程的发展过程。

一、高校思想政治理论课实践教学的拨乱反正和改革探索

"文化大革命"结束后,党和国家在思想政治、文化教育等各个

领域进行了一系列的拨乱反正,高等教育中的许多错误做法得到逐步纠正,思想政治理论课及其实践教学也迎来了自己新的发展时期。

(一)思想政治理论课及其实践教学的拨乱反正

1977年,教育部发出通知,要求全国各教育部门和学校"把教育战线学习雷锋的运动,深入持久地进行下去",中断了十余年的学雷锋活动又重新开展起来。1978年4月,邓小平提出"将教育和生产劳动相结合"作为我国教育事业繁荣和发展的方针,并要求在教育与生产劳动结合的内容、方法上不断有新发展。党的十一届三中全会后,党中央坚决批判和摒弃了"以阶级斗争为纲"的错误政治路线,也就根本否定了长期以来把政治运动作为实践教学的主要形式的错误做法。1981年,中共中央宣传部、教育部等多个部门联合发出《关于开展文明礼貌活动的通知》。该文件指出:"大、中学校的'学雷锋、创三好'和'三堂、一馆、一舍'(课堂、食堂、会堂、图书馆、宿舍)文明新风活动……都是文明礼貌活动的重要内容。"[1]随后,各地高校把四项基本原则教育与形势任务教育,道德品质教育和"学雷锋、创三好""五讲四美"活动相结合,探索了开展思想政治教育和实践育人的多种形式。1981年,教育部召开的全国学校思想政治教育工作会议强调,必须把课堂教育、日常的思想政治工作与实际锻炼适当地结合起来,各科教学都要贯彻思想教育,还要组织学生适当参加劳动、军训、社会调查等社会实践活动。此后,实践教学逐步步入正轨。

(二)高校思想政治理论课及其实践教学的改革与探索

随着党和国家工作重心的转移,我国进入了改革开放和社会主义

---

[1] 中共中央文献研究室.三中全会以来重要文献选编:下[M].北京:人民出版社,1982:724-725.

第二章 高校思想政治理论课实践教学的发展历程、依据及主要原则

现代化建设新时期,高校思想政治理论课实践教学也在改革和创新中不断发展和完善。1983年,共青团中央和全国学联发起在全国开展大学生"社会实践周"活动,得到许多高校的响应。例如,辽宁省各高校组织大学生走出校门,开展"把知识献给人民"的为民服务活动,把突击性的活动发展成为向人民学习、为四个现代化建设服务的长期活动,使社会实践活动经常化、制度化。1987年,中共中央《关于改进和加强高等学校思想政治工作的决定》强调:青年学生只有在学习科学文化知识的同时,积极参加社会实践,更多地了解国情,了解社会主义建设和改革的实际,了解人民群众的思想感情,才能树立起为社会主义祖国而献身的信念,逐步锻炼成为有用的人才。自1987年起,假期社会实践活动在全国各高校普遍组织开展起来。1994年,中共中央《关于进一步加强和改进学校德育工作的若干意见》明确指出,学校德育工作要加强实践环节,高中和高等学校要把社会实践纳入教育教学计划,组织学生参加社会调查、生产劳动、科技文化服务、军政训练、勤工俭学等活动。自1996年起,持续了20余年的大中专学生文化、科技、卫生"三下乡"暑期社会实践活动,每年都有数以百万计的大中专学生参加。暑期"三下乡"活动面向基层,针对现实问题,内容丰富、形式多样,而且总结出一套较完善的开展社会实践活动的基本程序和规范,成为这一时期大学生参加的极为重要且成果显著的社会实践教学形式。

不过,这一时期的实践教学主要表现为要求大学生普遍参加社会实践活动,或者说,属于广义的德育意义上的实践教学,与"两课"(马克思主义理论课和思想品德课,即现行思想政治理论课)教学的结合度还很低,高校思想政治理论课教师的参与度也不高,其组织实

施者主要是高校的团委、学工部、院系团总支等部门的政工干部。这一时期，广大高校思想政治理论课教师为使课堂教学生动活泼，增强高校思想政治理论课的感染力和实效性，也探索了许多新的教学办法，如课堂辩论、撰写科研论文等。但这些新的教学形式还没有被提升到实践教学的高度并纳入实践教学的范畴。

二、高校思想政治理论课实践教学的纵深发展

（一）实践教学明确纳入思想政治理论课教学范畴

21世纪初期以来，高校思想政治理论课实践教学开始步入规范化发展阶段。无论是2004年10月颁布的《中共中央 国务院关于进一步加强和改进大学生思想政治教育的意见》（中发〔2004〕16号），还是2005年3月7日出台的《中共中央宣传部 教育部关于进一步加强和改进高等学校思想政治理论课的意见》（教社政〔2005〕5号）（以下简称"05方案"），都强调把实践教学纳入高校思想政治理论课教学范畴。特别是"05方案"，不仅确定了更加完善、更加符合实际的思想政治理论课课程体系，并且将实践教学首次明确纳入高校思想政治理论课教学范畴，实践教学在高校思想政治理论课中的地位得以正式确立。为此，广大高校思想政治理论课教师积极探索实践教学的新形式、新方法，如观看教学录像与讨论、组织课堂辩论、举办征文写作、开展主题演讲等。这些实践教学活动，对于活跃课堂氛围，调动学生学习思想政治理论的积极性和主动性，加深学生对思想政治理论的理解，坚定学生对中国特色社会主义的信念起到了积极作用。"05方案"还要求，要把实践教学与社会调查、志愿服务、公益活动、

专业课实习等结合起来，引导大学生走出校门，到基层去，到工农群众中去，通过形式多样的实践教学活动，努力提高学生思想政治素质和观察分析社会现象的能力。但在实际操作中，诸如社会调查、志愿服务、公益活动等实践教学形式，仍旧主要是由高校的团委、学工部等政工部门组织实施，马克思主义学院（或思想政治理论课教学部）和高校思想政治理论课教师的参与度仍然较低。因此，这一阶段的实践教学主要是作为高校思想政治理论课的一个课堂教学环节展开的，虽然比以前受到了更加明显的重视，但自身的独立的课程属性并不突出。同时，这期间也出现过实践教学形式重于内容、教师茫然及学生应付等现象，并在学时分配、学分规定、考核方式等方面出现了一些混乱状况，更谈不上专门针对实践教学的经费预算、组织保障和实践育人基地建设。

（二）高校思想政治理论课实践教学的新发展

2008年9月，《中共中央宣传部 教育部关于进一步加强高等学校思想政治理论课教师队伍建设的意见》（教社科〔2008〕5号）再次明确提出完善实践教学制度，并规定了高校思想政治理论课实践教学的学分。该文件不仅凸显了实践教学的重要地位，而且明确了实践教学在思想政治理论课程体系中的相对独立的课程属性。此后，许多高校都开始探索在继续完善各门思想政治理论课的课堂实践教学的基础上，把原来分散在各门课程中实践教学的学时、学分重新集中起来，以便大学生能够走出教室、走出校门，开展更加完整的真正面向社会的综合实践教学活动，从而使实践教学由一个教学环节逐步演变为高校思想政治理论课程体系中的一门正式课程。这种新的探索和改革，使得"把实践教学与社会调查、志愿服务、公益活动、专业课实习等结合起来,引导大学生走出校门,到基层去,到工农群众中去"的要求得以实现,马克思主义学院(或思想政治理论课教学部)和高校思想政治理论课教师也成为开展实践教学的主力军。这一时期,实践教学保障机制建设(如实践教学基地、经费投入)也基本得到落实。2011年1月,教育部专门印发的《高等学校思想政治理论课建设标准(暂行)》(教社科〔2011〕1号)中明确提出要将实践教学纳入高校思想政治理论课实践教学计划。2012年1月,教育部等部门联合下发《关于进一步加强高校实践育人工作的若干意见》(教思政〔2012〕1号)。该文件表明,思想政治理论课实践教学已经成为我国高校实践育人体系中的一个重要组成部分。

(三)新时代开启高校思想政治理论课实践教学新篇章

党的十八大以来,党和国家事业取得了历史性成就,发生了事关全局的历史性变革,我国社会主要矛盾已经转化为人民日益增长的美好生活需要和不平衡不充分的发展之间的矛盾,这表明久经磨难的中华民族迎来了从站起来、富起来到强起来的伟大飞跃,中国特色社会主义进入新时代。中国特色社会主义新时代和民族伟大复兴新征程,必然对我国高等教育和高校思想政治理论课及其实践教学提出新的更高的要求。高校思想政治理论课实践教学也应因事而化、因时而进、因势而新。正是在不断总结实践教学经验的基础上,2015年1月,中共中央办公厅、国务院办公厅印发的《关于进一步加强和改进新形势下高校宣传思想工作的意见》指出:要着力增强大学生思想政治教育针对性实效性,广泛开展各类社会实践和公益活动。2015年7月,中共中央宣传部、教育部发布关于印发《普通高校思想政治理论课建设体系创新计划》的通知(教社科〔2015〕2号),该文件指出:"努力强化实践教学，建设与课堂教学相互促进的思想政治理论课第二课堂教学体系……制定印发《高校思想政治理论课实践教学大纲》，进一步规范实践教学。"2015年9月，教育部关于印发《高等学校思想政治理论课建设标准》的通知（教社科〔2015〕3号）中将实践教学纳入建设标准，指出："实践教学纳入教学计划，统筹思想政治理论课各门课的实践教学、落实学分（本科2学分，专科1学分）、教学内容、指导教师和专项经费。实践教学覆盖全体学生，建立相对稳定的校外实践教学基地。"2016年12月，全国高校思想政治工作会议在北京召开，中共中央总书记、国家主席、中央军委主席习近平出席会议并发表重要讲话，强调："要更加注重以文化人、以文育人，广泛开展文明校园创建，开展形式多样、健康向上、格调高雅的校园文化活动，广泛开展各类社会实践。"2017年，教育部关于印发《高等学校马克思主义学院建设标准（2017年本）》的通知（教社科〔2017〕1号），仍然将实践教学纳入建设标准，指出：思想政治理论课教学要"制定实践教学计划，统筹思想政治理论课各门课程的实践教学，落实学时学分、教学内容、指导教师和专项经费。实践教学原则上覆盖全体在校学生，建设相对稳定的校外教学实践基地"。

2018年，教育部发布关于印发《新时代高校思想政治理论课教学工作基本要求》的通知（教社科〔2018〕2号），明确指出："从本科思想政治理论课现有学分中划出2个学分、从专科思想政治理论课现有学分中划出1个学分，开展本专科思想政治理论课实践教学。"中共中央办公厅和国务院办公厅印发的《关于深化新时代学校思想政治理论课改革创新的若干意见》、教育部关于印发《高等学校马克思主义学院建设标准（2019年本）》的通知（教社科函〔2019〕9号），都强调要在高校思想政治理论课中加强实践教学。2020年12月18日，中共中央宣传部、教育部发布关于印发《新时代学校思想政治课改革创新实施方案》的通知（教材〔2020〕6号），其中明确要求"各高校要规范实践教学，把思想政治教育有机融入社会实践、志愿服务、实习实训等活动中，切实提高实践教学实效"。2021年，中共中央办公厅印发的《关于加强新时代马克思主义学院建设的意见》和教育部印发的《高等学校思想政治理论课建设标准（2021年本）》都有涉及高校思想政治理论课实践教学的规定。

  以上系列文件是目前我国各高校开展思想政治理论课实践教学的纲领性文件，根据这些文件精神，实践教学的指导思想是：高举中国特色社会主义伟大旗帜，以马克思列宁主义、毛泽东思想、邓小平理论、"三个代表"重要思想、科学发展观、习近平新时代中国特色社会主义思想为指导，全面贯彻新时代党的教育方针，立足坚定大学生对中国特色社会主义的道路自信、理论自信、制度自信、文化自信，遵循大学生成长成才规律和教育规律，坚持实践教学与课堂教学并重，以了解社会、服务社会为主要内容，以提高大学生的思想政治素质和专业技能为目标，以稳定的实践基地为依托，采取灵活多样的方式方法，使大学生走出校门，在实践中受教育、长才干、做贡献，努力成长为中国特色社会主义事业的合格建设者和可靠接班人。

第二章 高校思想政治理论课实践教学的发展历程、依据及主要原则

第二节 高校思想政治理论课实践教学的依据

充分认识和正确理解实践教学在高校思想政治理论课教育教学和大学生成长成才中的地位与作用,才能增强广大师生参与实践教学的自觉性和主动性,这是高校开展实践教学,推进高校思想政治理论课教育教学方法改革,进一步增强高校思想政治理论课教育教学的针对性和实效性的基本前提和有效途径。那么,究竟怎样来认识实践教学的地位与作用,也就是说怎样来理解实践教学在高校思想政治理论课教学体系中的重要性与必要性呢？首先,从理论上讲,高校思想政治理论课实践教学既符合马克思主义基本原理的要求,又有充分的教育学、心理学依据,满足学生成长成才的需要；其次,从高校思想政治理论课教学体系本身来看,必须充分发挥实践教学的作用,才能高质量地实现高校思想政治理论课教学的最终目标。

一、高校思想政治理论课实践教学的理论依据

(一) 马克思主义哲学依据

高校思想政治理论课实践教学的哲学依据根源于实践与认识的辩

证关系。马克思主义认识论认为，实践是认识的来源，是人们思想的出发点和归宿，是检验人们认识正确与否的唯一标准。思想政治教育要引导人们形成正确的认识，必须要以社会实践为教育的基本途径。"生活、实践的观点，应该是认识论的首先的和基本的观点。"①在马克思主义视域下，实践是人能动地改造客观世界的对象性活动，涵盖自然界和人类社会。实践的形式主要是指物质生产劳动、社会关系活动和科学实验。在历史唯物主义实践观的视野里，自然界与人类社会、人类社会与个体人、现实社会（人）与历史社会（人）之间的联系都是在实践中得以生存并发展的。实质上，这些联系都是实践的产物。实践作为关系型范畴，正包括在以上三重对象性关系之中，其中解决自然界与人类社会关系矛盾的物质生产劳动是解决其他关系矛盾的前提与基础。人类正是在利用工具认识和改造自然的实践过程中维持自身生存与发展的，实践构成了人的存在方式。因此，实践成为人类生存的前提，实践活动不断创造人类生存与发展的根本条件。实践成为人类立命之根、生命之本。同时，实践又受到一定价值观和世界观(方法论)的支配，又总是体现为内容与形式、成果与过程的辩证统一，并在实质上以成果与内容为其主导和本质体现。历史唯物主义实践观是我们把握和理解实践的方法论原则，也是把握和理解高校思想政治理论课实践教学的认识论前提。

这一认识论前提告诉我们，应当用实践的方法看待高校马克思主义理论课课程体系。从历史唯物主义的角度出发，高校思想政治理论课的课程内容所提炼和总结的马克思主义理论，是马克思主义在实

---

① 中共中央马克思恩格斯列宁斯大林著作编译局. 列宁选集：第 2 卷 [M]. 北京：人民出版社，2012：103.

第二章　高校思想政治理论课实践教学的发展历程、依据及主要原则

践中对自然界和人类社会发展客观规律进行探索和研究的系统集成，是实践的结晶，也是在实践中得以检验和完善的科学体系，是马克思主义对社会实践经验进行的高度凝练和概括。在实质上，高校思想政治理论课的课程内容以马克思主义理论体系为直接认识对象，以马克思主义者在实践过程中所总结和反映的自然界与人类社会发展规律、社会主义发展规律和人的全面发展规律为根本认识对象。高校思想政治理论课课程体系设置的宗旨在于引导大学生通过学习和掌握马克思主义理论体系的实践成果来最终认识和把握自然界和人类社会发展规律、社会主义发展规律和人的全面发展规律，并运用规律实现改造自然界与人类社会，从而达到促进人的全面发展和社会全面进步的目的。实践教学的根本宗旨就是引导受教育者正确认识课程教学内容与相关实践活动之间的内在统一性关系，通过剖析教育教学内容与其所体现的相关社会实践的逻辑关联，使受教育者从理论层面上加深对课程内容精神实质的理解和把握，在内心深处自觉自愿地接受马克思主义理论教育，从而可以使受教育者在思想上更为深刻地认识课程内容所反映的相关社会实践活动——物质生产活动、社会关系活动以及科学实验的实质性运动过程与结果。正如习近平总书记在出席全国高校思想政治工作会议的重要讲话中所指出的那样："要教育引导学生正确认识世界和中国发展大势，从我们党探索中国特色社会主义历史发展和伟大实践中，认识和把握人类社会发展的历史必然性，认识和把握中国特色社会主义的历史必然性，不断树立为共产主义远大理想和中国特色社会主义共同理想而奋斗的信念和信心；正确认识中国特色和国际比较，全面客观认识当代中国、看待外部世界；正确认识时代责任和历史使命，用中国梦激扬青春梦，为学生点亮理想的灯、照亮前行

的路，激励学生自觉把个人的理想追求融入国家和民族的事业中，勇做走在时代前列的奋进者、开拓者；正确认识远大抱负和脚踏实地，珍惜韶华、脚踏实地，把远大抱负落实到实际行动中，让勤奋学习成为青春飞扬的动力，让增长本领成为青春搏击的能量。"①

（二）教育学依据

实践教学是教育学基本原则和规律的体现与要求，知行统一是教育学的重要原则之一。高校思想政治理论课实践教学是"知"和"行"统一的中介；教育与生产劳动相结合是培养人的重要途径，培养德智体美劳全面发展的社会主义事业的建设者和接班人，应通过教育与生产劳动相结合的基本途径；实践教学是主体性教育思想的要求。

主体性教育理论是在吸收西方文艺复兴以来的主体性教育思想的基础上结合中国改革开放的伟大实践逐步建立的一种时代教育理论，是我们时代的教育哲学。主体性教育思想认为：教育的根本目的在于发展人的主体发展性。主体发展性即人在对象性活动中所表现出的自主性、能动性和创造性。现代教育的根本目的在于建构学生道德主体，即培养和发展学生在道德生活方面的自主性、主动性和创造性。道德主体发展性是个体在与道德生活环境相互作用的过程中主动建构的。

所以，我们认为高校思想政治理论课教学的效果从根本上说取决于对学生主体发展性的培养，取决于受教育者在高校思想政治理论课教学中对各种媒介所传递的信息的反映、理解、择取、整合，并内化为自己的思想信念的程度和自觉去外化践行的欲望大小。

（三）心理学依据

学生是高校思想政治理论课实践教学的主体，不同的学生往往具

---

① 习近平. 习近平谈治国理政：第二卷 [M]. 北京：外文出版社，2017：377-378.

有不同的心理特征。为实现有效组织与实施高校思想政治理论课实践教学的目标，有必要以心理学为指导来分析学生的具体情况。

大学生活的开始是很多大学生远离父母开始独自生活的第一步，在大学中的生活也让大学生的自我概念逐步增强，对自身的认识及对周围事物关系的各种体验也在与同学、老师的交往中逐步建立，这种自我概念的增强使一个人能反省自身，有明确的自我存在感，从而以一个独立的个体来看待周围的世界。大学校园这种特殊的环境十分强调独立、注重自我确立，许多大学生在较大程度上按照自己的方式安排生活，有一种宽松、自由的氛围；同时，由于大学生所处的独特的社会层次，因为生活阅历有限，与社会有一定的距离，且社会实践能力不强，导致他们在谈论、评价、思考社会问题时往往带有一定的幻想，不能完全切合实际。他们对事物的认识，表现出一定的片面性和幼稚性，还不能深刻、准确、全面地认识问题。这种不足与他们极强的自我概念不相协调，这种不协调可能会一直困扰着他们。大学生多数处于青年中期（18～24岁）这一年龄阶段。在这个阶段，个体的生理发展已接近完成，但其心理尚未成熟。对大学生而言，所面临的一个重要任务就是促使心理日益成熟，而社会成熟是心理成熟的先决条件。社会化程度的提高取决于个体的社会实践活动。但是大学生在校学习时间长，与社会生活有着一定程度的隔离。大学生身在校园，对社会生活并没有直接、深刻的了解，而如今许多大学社会实践活动还是停留在比较表面和肤浅的阶段。

伴随着社会的高速发展，人们生活节奏逐渐加快和生活方式不断转变，人际关系也变得越来越复杂，这些都给人们的心理增加了压力，给人们的身心健康带来了巨大的影响。大学生这个群体亦不例外。加之大学生正处在心理变化激烈、动荡的时期，他们的思维活跃，社会认识敏锐但肤浅，情感丰富而不稳定，心理矛盾、心理冲突时常发生，情感与情绪、学业与就业等问题深刻地困扰着他们的内心世界。伴随着社会上人才市场竞争的加剧，就业难度加大，工作流动性和岗位选择性加强，不同职业与岗位之间的利益差距显著加大，以及时有发生的社会不公平现象等，使得大学生本来就比较脆弱的心理防线受到了空前的冲击与挑战。这些问题若处理不当，都可能对大学生的身心健康造成负面的影响，制约大学生的成长，影响高校整体教育功能的发挥。

面对可能出现的问题，首先，大学生应该正确认识自我，培养悦纳自我的态度，扬长避短，不断完善自己。其次，大学生应该提高对挫折的承受能力，对挫折应有正确的认识，在挫折面前不惊慌失措，采取理智的应对方法，化消极因素为积极因素。大学生在日常生活中应培养良好的人格品质，并且建立科学的生活方式，科学地安排好每天的学习、锻炼、休息，使生活有规律；在学习过程中应学会自我心理调适，控制自己的不良情绪，做到心理健康，同时参加各种丰富多彩的业余活动，丰富自己的大学生活。大学生可通过参加各种活动来培养自己的兴趣爱好，充分发掘自己的潜能，以缓解紧张情绪，维护身心健康。高校思想政治理论课实践教学活动是其中最为有效的手段之一。"纸上得来终觉浅，绝知此事要躬行。"当代大学生，无论是来自大城市，还是来自偏远的农村，他们普遍缺乏对社会的了解。因此，教师要引导他们积极投入社会实践。通过社会实践，培养大学生参与社会的意识，增强其适应社会的能力。只有让大学生多了解国情，多了解社会，才能使他们对党的基本路线、对人民群众有深入的了解；

同时，在社会实践中看清自己的位置，改变自己的思维方式，认识到自身素质与社会要求的差距。另外，教师还要根据大学生特殊的思想实际和不同时期的兴趣热点，引导他们开展自我教育活动，培养其良好的行为习惯和自律能力。

二、高校思想政治理论课实践教学的学科依据

高校思想政治理论课是一门性质特殊的课程，教师不仅要传授给大学生系统的马克思主义基本理论和社会、政治、历史、法律等学科的基础知识，而且要培养他们的优良品质、敬业精神、守法意识、创新思维和实践能力。这样一门具有多重使命的课程仅靠课堂理论教学很难实现其教学目的。而实践教学对于增强大学生的创新精神和实践能力，对于丰富大学生的精神生活、拓展大学生的知识视野和促进大学生的全面发展具有不可替代的价值。高校思想政治理论课教学要发挥对大学生进行思想教育的主渠道和主阵地作用，首先必须冲破传统理论教学模式，加强实践教学环节，从单纯的知识教育转向育人教育，从单纯的课堂教学转向知行统一的开放性教学。

（一）由思想政治理论课理论本身的性质所决定

马克思主义理论有一个最为鲜明的特征就是它的实践性。马克思主义理论来源于实践，它在实践中产生，也在实践中不断丰富和发展。理论和实践相统一是它的内在要求和生命力所在。离开了无产阶级革命伟大斗争的实践，离开了科学理论家探索客观世界内在规律的科学实践，马克思主义理论就不可能形成。中国共产党人持续推进马克思主义理论创新，并逐步形成了毛泽东思想、邓小平理论、"三个代表"

重要思想、科学发展观、习近平新时代中国特色社会主义思想等中国化时代化马克思主义理论成果，显示了马克思主义与时俱进的理论品格和根本性质。改革开放为马克思主义基本理论的发展创造了更好的条件。用马克思主义基本理论诠释新问题就要靠新条件下的新实践来完成。就学校教学而言，就是要通过学生、教师及社会各方面的实践来印证、理解、发展基本理论，使理论和实际结合起来，随着时代的发展与时俱进，不断完善，使学生在广阔的实践天地里认识、理解马克思主义基本理论，更加坚信马克思主义。

（二）由思想政治理论课教育的目的所决定

专业课以传授知识和技能为主，而高校思想政治理论课旨在帮助大学生树立正确的世界观、人生观、价值观，提高大学生的思想道德素质是我们社会主义高校贯彻落实"立德树人"这一根本任务的主阵地和主渠道。要完成这一光荣而又艰巨的任务仅靠课堂教学是远远不够的，必须大力拓展和开发社会实践这个大课堂，把理论教学与丰富多彩的社会实践联系起来，赋予其鲜活的生命力。高校思想政治理论课的教学目的不是让学生简单地背诵现成的结论和原理，归根到底，它是马克思主义世界观和方法论的教育。世界观与方法论是统一的，学生是否真正接受和形成马克思主义的世界观，最终要通过他们处理实际问题的行动表现出来。因此，世界观的教育说到底就是要将马克思主义的世界观转化成一种科学的思维方法，并用这种思维方法去解决现实问题，离开了这种思维方法的训练，马克思主义世界观的教育很可能就会变成经院式的教条。实践教学提供的真实情境恰恰有助于学生独立思维能力的训练，使马克思主义的理论成为指导他们研究现实、解决问题的行动指南。

第二章　高校思想政治理论课实践教学的发展历程、依据及主要原则

（三）由思想政治理论课教学对象的特点所决定

大学生是一个极易变化的群体，他们各个方面不够成熟，容易受到各种思潮的影响，由此导致大学生面对市场经济条件下涌入的国外思潮和各种社会问题容易产生疑惑，思想上极易陷入混乱。如果高校思想政治理论课教学囿于传统的课堂讲授，不能面对社会现实而展开，不能圆满地解释社会变革时期出现的种种社会现象，不能科学地阐明和分析各种社会思潮，就会失去对大学生的吸引力，课堂上所讲的理论也难以被大学生理解和接受。因此，高校思想政治理论课实践教学可以通过让大学生深入接触社会，耳闻目睹21世纪以来，尤其是新时代以来我们祖国的巨大变化，让他们去亲身感受中国特色社会主义理论与现实结合所展现出来的巨大魅力，加深对理论教学知识的理解和对社会的真切认识。

传统的课堂理论讲授是向大学生灌输已经成为定论的科学认识成果——理论知识，完成了从"理性的规定"到"思维的具体"的教学任务。如果教学活动仅限于此，大学生无法从感性的具体上升到理性的规定，更不能实现从思维的具体到实践这一能动的飞跃过程，其认识也仅仅停留在对理论知识的肤浅理解层面。这极易导致学生形成理想化、绝对化、片面化的思维方式，忽视事物的个性、相对性、复杂性，更多地注意事物的共性、绝对性和纯粹性，集中表现在对社会现象和社会问题的认识比较幼稚，认知能力、判断能力、转化能力不足，极易产生片面的认识、极端的观点，甚至是错误的判断。实践对认识具有决定作用，高校思想政治理论课教学的内容是否具有真理性、现实性、指导性，只有经过实践的检验，才能让大学生真正理解和把握。在实践过程中，大学生带着课堂学习时产生的问题走向社会，又带着在实

践中得到的认识回到课堂，用理论指导实践，实践进一步丰富理论，促使大学生真正懂得运用马克思主义的立场、观点、方法认识问题、分析问题和解决问题，在实践过程中理解马克思主义理论的精髓，从而真正掌握马克思主义理论。高校思想政治理论课教学不能把马克思主义变成教条，要通过实践教学活动，坚持用发展着的马克思主义武装大学生。要贴近大学生的思想与情感，变消极的东西为积极的东西，使思想政治理论课实践教学活动充满生机和活力。

在实践教学中，要把握大学生的新情况、新特点以及大学生个性差异等问题，从促进大学生全面健康成才的角度，建立内容更加丰富、形式更加多样的实践教学体系。要让大学生学以致用，通过高校思想政治理论课实践教学能够做到认识新情况、解决新问题、做出新判断。高校思想政治理论课实践教学可以深入大学生的实际生活，以大学生的世界观、人生观、价值观发展为中心，设立实践主题，开展实践活动，引导大学生根据所学的社会主义核心价值体系内容，自觉地做出符合马克思主义原则的理想信念选择、道德判断和道德选择，促使大学生在价值取向上改变被动地接受"应当怎样做、必须怎样做"，转向"我想怎样做、我应该怎样做"，真正实现大学生的自觉和自律。通过实践教学引导大学生运用所学的马克思主义理论知识指导他们的认识过程，运用所掌握的马克思主义立场、观点、方法，正确认识我国在改革开放过程中产生的新问题、新矛盾，在解决模糊认识的过程中解开大学生的思想困惑，提高大学生的综合素质与能力。通过实践教学，使大学生切实体会到高校思想政治理论课学习有助于他们正确认识社会，有助于他们勇敢面对生活中的挫折，有助于他们的健康成长。

第三节 高校思想政治理论课实践教学的主要原则

高校思想政治理论课实践教学的原则是由其自身的特点和任务决定的,它是根据一般教学原则的基本理论,结合实践教学的经验,概括、总结出来的指导性原则。

一、坚持育人为本、实践育人的原则

高校思想政治理论课实践教学的根本目的在于让大学生接受教育,这是与其他实践活动的主要区别,也是实践教学的根本价值所在。实践教学不能偏离育人的主题,否则就会本末倒置。育人为本是实践教学的根本要求。坚持育人为本,就是指实践教学要以大学生为主体,充分发挥大学生的主动性,把促进大学生健康成长作为实践教学的出发点和落脚点;就是要坚持实践教学,一切为了学生,为了学生的一切,关心每一个学生,促进每一个学生主动地、生动活泼地开展实践,尊重实践教学规律和学生身心发展规律,为每一个学生提供适合的实践机会。同时,

思想政治道德素质是当代人才的第一素质要求，而高校思想政治理论课实践教学是培养当代大学生科学、正确的世界观、人生观和价值观的重要途径。所谓实践育人，就是充分发挥社会实践锻炼人、教育人、培养人的功效，引导大学生把课堂上掌握的理论和间接经验与通过实践获得的感性认识和直接经验结合起来，提高思想政治道德素质、社会责任感和历史使命感，激发他们的爱国主义精神，从而调动他们学习的主动性和积极性。因此，高校思想政治理论课实践教学要牢固树立实践育人的思想，把提高大学生思想政治素质作为首要任务。

二、坚持理论联系实际的原则

理论来自实践，同时理论又为实践服务。高校思想政治理论课实践教学必须坚持理论联系实际的原则，坚持把理论教育与实践活动紧密结合起来。大学生从小学到大学，接触的大部分是书本知识，十分缺乏实践经验。针对当代大学生的心理特点、文化层次和思想意识以及课堂教学内容，有意识、有目的地选择和安排适宜性实践活动，使大学生在实践活动中深化对理论知识的理解，并运用理论知识分析问题、解决问题，实现大学生在思想政治修养的"知"与"行"的统一，提高高校思想政治理论课实践教学的针对性、实效性和吸引力、感染力。高校思想政治理论课实践教学只有坚持理论联系实际的原则，理论与实践互相促进、相得益彰，才能完善大学生的知识，才能开发大学生的智力。

三、坚持课内与课外、集中与分散、点与面相结合的原则

高校思想政治理论课实践教学首先要有课内的指导，对大学生进行动员，明确高校思想政治理论课实践教学的意义、安排、要求等事项，帮助大学生掌握实践相关理论知识和具体操作方法，提高高校思想政治理论课实践教学的有效性。但由于高校思想政治理论课实践教学的特殊性决定了实践活动更多是在课外和校外开展的，所以必须将课内的指导与课外的实践活动结合起来。同时，既要统一组织部分大学生集中参加一些重点项目的实践，又要充分发挥大学生的积极性，鼓励大学生自主设计实践地点、时间、内容及目标等，自行开展实践活动，运用各种方式和方法收集、获取实践资料，全方位、多渠道地开展实践，确保每一个大学生都能参加实践，确保思想政治教育贯穿于实践教学的全过程。另外，高校思想政治理论课实践教学既要立足于"面"，又要重视"点"的作用，应该点面结合、以点带面。"点"上的活动是学校组织的"示范活动"，要讲求"精"，即组织精细，安排周密；"面"上的活动是对全体大学生的明确要求，要讲求"广"，即每位大学生必须结合自己的特点和实际开展形式多样的实践活动。

四、坚持受教育、长才干、做贡献的原则

高校思想政治理论课实践教学是促进高校思想政治理论课教学改革和发展的有效措施，是促进大学生早日成才的正确途径，因此必须把大学生受教育、长才干与做贡献有机结合起来。"受教育"，就是指高校思想政治理论课实践教学要按照党的教育方针和社会主义教育

的培养目标，使大学生在实践教学中受到理想信念教育、改革开放教育、国情社情教育，激励大学生肩负起历史赋予的重任。"长才干"，就是指高校思想政治理论课实践教学要根据改革开放和社会主义现代化建设对人才成长的新要求，培养大学生的实践动手能力和社会适应能力，丰富阅历，增长见识，磨炼意志，不断提高其综合素质。"做贡献"，就是要充分发挥大学生的知识技能优势，为社会经济发展做出自己力所能及的贡献。"受教育、长才干、做贡献"三者密切联系、相辅相成，集中体现了党的要求、学生的愿望、社会的需要之间的统一，体现了目标与途径的统一。

五、坚持整合社会资源、互利双赢的原则

高校思想政治理论课实践教学是利用社会资源对大学生进行教育服务的过程，这种教育服务需要一定付出，在社会主义市场经济条件下，单向的付出不符合经济规律，是不能长久的。只有双向服务、合作共赢，才能适应社会主义市场经济的要求。因此，必须整合社会资源，实现学校与企业、学校与地方的合作，构建学校与社会之间的双向服务体系和长效机制。一方面要充分发挥学校的学科优势和智力优势，另一方面要建立数量足够且相对稳定的高校思想政治理论课实践教学基地，充分发挥社会的资源优势，实现互利双赢，不仅要使学校和学生受益，而且要尽可能地使实践教学接收单位受益。

第三章 高校思想政治理论课实践教学的组织、内容及方式

第三章　高校思想政治理论课实践教学的组织、内容及方式

第一节　高校思想政治理论课实践教学的组织

高校思想政治理论课实践教学是高校人才培养中的一项重要系统工程，需要政府、高校、社会齐心合力共同完成。只有充分发挥政府及相关职能部门、群团组织、高校等组织机构的合力，才能更加有效地开展高校思想政治理论课实践教学。本节对高校思想政治理论课实践教学的组织进行探讨。

一、高校思想政治理论课实践教学的组织主体

从广义角度而言，组织是指由诸多要素按照一定方式相互联系起来的系统。从狭义角度看，组织就是指人们为实现一定的目标，互相协作结合而成的集体或团体。本节从狭义的角度探讨高校思想政治理论课实践教学的组织。

高校思想政治理论课实践教学是一个包含多种矛盾和多种要素的系统，其涉及的各种因素、范围比较广泛，不是仅仅依靠高校思想政治理论课教师就可以实现教学目的、达到教学目标的。毫无疑问，高

校是思想政治理论课实践教学中的一个重要因素，是重要的思想政治理论课实践教学组织。高校肩负着人才培养的重要职能，而我国高校培养的是中国特色社会主义事业合格建设者和可靠接班人。习近平总书记在全国高校思想政治工作会议上强调："我们的高校是党领导下的高校，是中国特色社会主义高校。办好我们的高校，必须坚持以马克思主义为指导，全面贯彻党的教育方针。要坚持不懈传播马克思主义科学理论，抓好马克思主义理论教育，为学生一生成长奠定科学的思想基础。"① 而要抓好高校的马克思主义理论教育，我们不但需要继续加强高校思想政治理论课的理论教学，让马克思主义理论真正进教材、进课堂、进学生头脑，而且也需要探索一条行之有效的高校思想政治理论课的实践教学途径，让马克思主义理论成为大学生的行动指南、人生的指引、坚定的信仰，使思想政治理论课在理论和实践的结合中真正发挥教育作用。

为此，各高校应把思想政治理论课实践教学作为人才培养过程中的一项重要工作，把思想政治理论课实践教学真正上升到高校人才培养体系中。由学校领导及相关职能部门共同建立一个决策和组织管理机构，安排、统筹思想政治理论课实践教学的组织实施、经费保障、计划制订、考核体系等事项，把思想政治理论课实践教学上升到学校总体工作层面来安排和思考。同时，高校应当将思想政治理论课实践教学作为对高等学校办学水平和质量的重要评估考核指标，纳入高等学校思想政治教育教学评估体系。

根据"05方案"的要求，高校应当建立高校思想政治理论课教学指导委员会，由相关部门负责同志参加；建立高校思想政治理论课

---

① 习近平. 习近平谈治国理政：第二卷[M]. 北京：外文出版社，2017：377.

实践教学管理联席会议制度，由学校主管领导牵头，定期召开马克思主义学院（或思想政治理论课教学部）、教务处、学生处、人事处、团委、宣传部、财务处以及相关二级学院领导参加的专题会议，讨论和部署高校思想政治理论课实践教学的相关工作。根据《高等学校思想政治理论课建设标准（2021年本）》，高校思想政治理论课的教学组织管理一级指标下设领导体制、工作机制、机构建设、专项经费四个二级指标。结合文件精神，高校思想政治理论课实践教学组织主体主要有学校党委书记、校长、分管校领导和宣传处、人事处、教务处、研究生院（处）、财务处、科研处、学生处、团委等党政部门，以及思想政治理论课教学科研机构。

结合自身的特色和具体的人才培养目标，高校应该把思想政治理论课实践教学纳入学校各个专业的人才培养方案中，特别是融入实践育人体系中，确保实践教学的学分、学时，确保中央相关文件中规定的各项经费落实到位。高校思想政治理论课实践教学要落到实处、发挥人才培养的作用，不仅需要高校领导与相关部门之间统筹规划、做好顶层设计，还需要与高校思想政治理论课实践教学相关职能部门（包括教务处、学生处、校团委等）的积极配合，能够为实践教学提供强有力的组织保证。从高校思想政治理论课实践教学大纲的拟定，到其教学计划的实施、课时的分配、经费的保障等多方面，切切实实将其纳入高校思想政治理论课整体性教学计划中，而不是流于形式、应付了事。对高校思想政治理论课的课时予以科学、合理的安排，在保证高校思想政治理论课实践教学时间的同时，又保证其教学效果。对高校划拨的专项经费进行科学管理及使用，为高校思想政治理论课实践教学提供支持。

二、高校思想政治理论课实践教学的组织机制

建立了高校思想政治理论课实践教学的领导管理机构之后，一定要形成齐抓共管的长效工作机制。习近平总书记在全国高校思想政治工作会议上指出："办好我国高等教育，必须坚持党的领导，牢牢掌握党对高校工作领导权，使高校成为坚持党的领导的坚强阵地。党委要保证高校正确办学方向，掌握高校思想政治工作的主导权，保证高校始终成为培养社会主义事业建设者和接班人的坚强阵地。各级党委要把高校思想政治工作摆在重要位置，加强领导和指导，形成党委统一领导、各部门各方面齐抓共管的工作格局。"[①]这是习近平总书记站在全国的角度对高校思想政治工作提出的要求。同样，高校党委应高度重视思想政治工作，重视高校思想政治理论课理论教学和实践教学，在高校内形成党委统一领导、各部门各方面齐抓共管的工作格局。

高校党委要把遵循思想政治工作规律、教书育人规律、学生成长规律统筹起来把握，使高校思想政治教育更有亲和力、更加生动有效，逐步形成思政育人、文化育人、专业育人、实践育人"四位一体"的"大思政"教育体系。高校是引人以大道、启人以大智的重要场所，不能仅把硬件投入、学科建设、科研成果看成是硬任务，而把育人视为可有可无的软指标。高校党委必须切实抓好政治领导和思想领导，着力把关定向、统筹指导、建强班子，着力构建各部门各方面齐抓共管的"大思政"格局，让高校思想政治理论课实践教学在这样的教学组织机制下运转，真正发挥实践教学的优势，让大学生通过高校思想政治理论课有更多的收获。

---

① 习近平. 习近平谈治国理政：第二卷[M]. 北京：外文出版社，2017：379.

第三章　高校思想政治理论课实践教学的组织、内容及方式

按照中央的相关规定，各高校要独立设置直属学校领导的、与学校其他二级院（系）行政同级的思想政治理论课教学科研组织二级机构。该二级机构的设立目前在全国范围内的高等学校中基本上已经实现。大多数高校已经独立设置了马克思主义学院，还有一部分高校是独立设置了思想政治理论课教学部。马克思主义学院或思想政治理论课教学部承担着全校本科、专科学生和研究生思想政治理论课教学科研任务，统一管理思想政治理论课教师，积极推进思想政治理论课科研工作。在高校思想政治理论课实践教学组织机制中，马克思主义学院（或思想政治理论课教学部）是开展全方位实践教学管理的具体机构。此外，作为领导小组的各个组成部门之间应该加强沟通与合作，明确各部门的工作职责与具体任务，分工有序、各司其职、相互合作，形成思想政治理论课党政领导部门、教学研究部门、教务管理部门、学生管理部门和后勤服务部门等机构的相互配合、齐抓共管的组织机制，实现全员育人、管理育人的实际效果。领导部门要及时、准确地向学校全体师生传达上级有关高校思想政治理论课实践教学的相关文件和政策，加大对学校师生的正确引导，形成良好的教学氛围，倡导和鼓励全校师生积极参与到实践教学的活动中。为监督实践教学活动的具体实施情况，健全高校思想政治理论课实践教学体制，领导小组还要定期开展调研活动，经常性地听取高校思想政治理论课实践教学工作汇报，及时了解新形势、研究新情况、解决新问题，在解决困难的过程中不断提升组织的领导水平和办事能力，完善高校思想政治理论课实践教学体制建设，为以后实践教学活动的可持续、健康发展提供制度支持与组织保障。齐抓共管的长效机制还需要依托一系列制度来实现。通过完善高校思想政治理论课实践教学的规章管理制度来为

形成长效的工作机制提供保障，让高校思想政治理论课实践教学有制度可依，有规范可循。

三、高校思想政治理论课实践教学的组织形式

实践教学不可能像理论教学那样把全班学生集中在课堂内进行统一授课，因此，对其一般都采取分散实践与集中实践相结合的组织形式。其中，分散实践又可以分为个人实践和小组实践。

（一）个人实践

个人实践主要是指通过学生自己的社会关系，个人自行联系实践单位，利用课余时间、双休日或节假日以及寒暑假开展实践活动。个人实践具有灵活性、针对性强的特点，没有机会参加学校集中实践或不想组织小组实践的学生，可以采取这种形式开展实践活动。活动结束以后，由实践接收单位出具实践内容以及实践期间的表现等证明，学生按照实践的要求和格式撰写实践报告。

（二）小组实践

小组实践是学生实践的主要方式，针对不同的实践内容，可以组织不同的实践小组。实践小组由学生自愿结合组成，小组成员一般以4～6人为宜，在小组内部成立组织机构，每个小组推选出1～2位小组负责人，同时要设置联络、宣传、后勤、安全等人员，分工明确，做到人人有事做，事事有人做。另外，每个小组要根据组员的兴趣和实际情况制订一个小组实践计划或实践方案，实践方式可从提供的参考实践方式中选择，也可以自行选择实践方式。每个小组的实践计划或实践方案包括实践方式、实践名称、实践时间、实践地点、实践活

动内容及人员分工、实践进程安排、实践大纲等。在学生实践过程中，教师要进行相应的指导。小组实践活动要有记录，并在实践结束后上交。

（三）集中实践

集中实践是指学校统一联系实践单位，一般选择便于对学生进行正面教育的单位，集中部分学生进行实践。集中实践由马克思主义学院（或思想政治理论课教学部）负责组织，主要利用周末或暑假到实践教学基地进行实践，同时可以与团委、学工处组织的假期"三下乡"活动结合起来进行。

第二节　高校思想政治理论课实践教学的主要内容

高校思想政治理论课实践教学的内容体系是由实践教学活动的知识结构、活动内容等组合而成的有机整体。实践教学本质上是一种高情景化、高参与度的教学活动。科学构建高校思想政治理论课实践教学的内容体系，要在充分考量社会发展实际和大学生思想实际，并遵循思想政治理论教育教学规律的基础上，构建全方位、多角度、深层次的实践教学知识框架和活动方案。通过开展实践教学活动，为大学生了解现实、了解国情、适应社会、服务人民提供机会和平台，使大学生把思想政治理论转化为科学的世界观和方法论，内化为自身的思想修养和道德素质，提高运用理论知识解决实际问题的能力，实现实践育人的目标。

一、实践教学内容体系构建的前提和基础

（一）实践教学内容体系构建的理论知识基础

高校思想政治理论课实践教学内容是包含实践教学目标的载体，

它是在实践教学过程中大学生要接受和掌握的思想政治观念,是让大学生体会、理解、践行的与理论教学内容相关的思想政治理论。现有的高校思想政治理论课必修课程内容为实践教学内容的体系构建提供了理论知识基础。一般来说,高校思想政治理论课理论教学主要以课程教材作为教学内容,然而实践教学需要理论联系实际,注重培养学生的实践能力,其内容不可能仅仅局限于教材。

结合高校思想政治理论课实践教学的实施形式,实践教学内容大体可分为两部分:课堂内实践教学内容和课堂外实践教学内容。课堂内实践教学要在有限的时空范围内,在现有课堂教学资源的基础上,探索各门思想政治理论必修课程教材中分别有哪些适合于开展实践教学活动的内容,以培养大学生的创新精神和实践能力,提高他们的综合素质;课堂外实践教学是对各门思想政治理论必修课程的普遍规律进行研究,整合、凝练其中具有共同性和普遍性的内容,在此基础上创设出能让大学生广泛参与进来的综合实践教学内容,引导大学生走出课堂、走出校园,去接触社会、了解社会。

(二)实践教学内容体系构建的社会环境基础

社会实践是大学生思想政治教育的重要环节。高校思想政治理论课实践教学的内容必须具有时代性和社会性,能够帮助大学生了解社会、了解国情,反映中国特色社会主义经济、政治、文化、社会、生态文明建设的实际。在实践教学中,把什么样的思想政治知识传授给大学生,高校从教人员必须要接受党和国家正确意识形态的指导,必须体现人民群众和中华民族根本利益的要求。但是高校思想政治理论课实践教学最终要落实到每一个大学生个体,受大学生个体发展需要的规约,要为大学生健康成长和全面发展的需要服务,必须帮助大学生增长才干、奉献社会，锻炼毅力、培养品格，提高社会竞争力，增强社会责任感和历史使命感。此外，在构建高校思想政治理论课实践教学内容体系时，必须要注意当前国内外形势的变化，党和国家方针政策的新指令、新部署、新要求。

二、实践教学内容的体系构建

　　高校思想政治理论课实践教学引导大学生有目的、有意识地参加课堂、校园和社会的各种实践活动，把思想政治理论教育的触角延伸到现实社会，让大学生了解、感受和体验社会现实的生活，通过实践活动验证理论知识，并在实践中受教育、长才干、做贡献，培养良好的思想品德和行为习惯，锻炼和提高各方面的能力。高校思想政治理论课实践教学内容极为丰富和广泛，实践教学内容的体系构建要科学合理、切实可行，要遵循其教学的基本要求，结合理论课程的教学内容，适应大学生成长成才的需要，反映社会主义经济、政治、文化、和谐社会和生态文明建设的发展实际。2015年，中共中央办公厅、国务院办公厅印发的《关于进一步加强和改进新形势下高校宣传思想工作的意见》提出了新形势下高校宣传思想工作的主要任务。该文件强调要深入开展中国特色社会主义和中国梦教育，加强党史国史和形势任务政策教育，把社会主义核心价值观融入高等教育全过程，完善中华优秀传统文化教育，高度重视民族团结教育，积极开展马克思主义民族观宗教观、党的民族宗教政策和相关法律法规的宣传教育，广泛开展各类社会实践和公益活动。

　　2019年，中共中央办公厅、国务院办公厅印发了《关于深化新时代学校思想政治理论课改革创新的若干意见》，不仅提出要整体规划思政课课程目标,同时还提出统筹推进思政课课程内容建设。具体而言,该文件提出的思政课课程目标如下:在大中小学循序渐进、螺旋上升地开设思政课,引导学生立德成人、立志成才,树立正确世界观、人生观、价值观,坚定对马克思主义的信仰,坚定对社会主义和共产主义的信念,增强中国特色社会主义道路自信、理论自信、制度自信、文化自信,厚植爱国主义情怀,把爱国情、强国志、报国行自觉融入坚持和发展中国特色社会主义事业、建设社会主义现代化强国、实现中华民族伟大复兴中国梦的奋斗之中。大学阶段重在增强使命担当,引导学生矢志不渝听党话跟党走,争做社会主义合格建设者和可靠接班人。与此同时,该文件提出的"推进思政课课程内容建设"是指:坚持用习近平新时代中国特色社会主义思想铸魂育人,以政治认同、家国情怀、道德修养、法治意识、文化素养为重点,以爱党、爱国、爱社会主义、爱人民、爱集体为主线,坚持爱国和爱党爱社会主义相统一,系统开展马克思主义理论教育,系统进行中国特色社会主义和中国梦教育、社会主义核心价值观教育、法治教育、劳动教育、心理健康教育、中华优秀传统文化教育。遵循学生认知规律设计课程内容,体现不同学段特点,研究生阶段重在开展探究性学习,本专科阶段重在开展理论性学习。这一文件的出台为高校思想政治理论课实践教学内容体系的建构提供了新的依据。在新时代,高校思想政治理论课实践教学的内容应当体现与时俱进的发展要求,系统整合、科学构建,增强其实践教学的针对性和实效性。

(一)以理想信念教育为核心,进行正确的世界观、人生观和价值观教育

理想信念是人类精神生活的一种内在需求和巨大精神能量,是世

界观、人生观、价值观在奋斗目标上的集中反映。坚定的理想信念首先要靠教育引导。理想信念教育是思想建设的核心和灵魂。理想信念是一个国家、民族和政党团结奋斗的精神旗帜,理想信念的动摇是最危险的动摇。在高校思想政治理论课实践教学中开展理想信念教育,使大学生正确认识社会发展规律,认识国家的前途命运,认识自己的社会责任,确立在中国共产党领导下坚持走中国特色社会主义道路,努力实现共产主义远大理想和中国特色社会主义共同理想,确立马克思主义的坚定信念。

首先,要坚持不懈地用马克思列宁主义、毛泽东思想、邓小平理论、"三个代表"重要思想、科学发展观、习近平新时代中国特色社会主义思想武装大学生,深入开展党的基本理论、基本路线、基本纲领和基本经验教育,积极引导大学生把理想信念建立在对科学理论的高度认同上。马克思主义理论是大学生理想信念教育得以展开的理论支撑,它揭示了人类社会发展的本质和规律,揭示了社会发展的方向和趋势,揭示了走中国特色社会主义道路的历史必然性,要使大学生真正领会贯穿其中的马克思主义立场、观点、方法,坚定对马克思主义的信仰,树立理论自信,夯实理论根基。

其次,要开展中国革命、建设和改革开放的历史教育,积极引导大学生把理想信念建立在对历史规律的正确认识上。习近平指出:"历史是最好的教科书。学习党史、国史,是我们坚持和发展中国特色社会主义、把党和国家各项事业继续推向前进的必修课。"[①]要把中国共产党领导人民的奋斗史、创业史,特别是党的十八大以来取得的历史性成就和成功经验,作为理想信念教育的基本内容,把握党的历史发

---

① 习近平. 论中国共产党历史 [M]. 北京:中央文献出版社,2021:15—16.

展的主题和主线、主流和本质,用历史的营养资政育人、鉴古知今,增强历史意识和文化自觉,坚定共产主义崇高理想,坚定中国特色社会主义事业的必胜信念。

最后,要开展基本国情和形势与政策教育,开展中国特色社会主义和中国梦教育,积极引导大学生把理想信念建立在对基本国情的准确把握上。实事求是,是中国共产党思想路线的核心、马克思主义的精髓。现实是理想信念的立足点、出发点,是实现理想信念的基础。要系统地了解我国经济、政治、军事、外交以及社会、文化、人口、资源等方面的历史与现状,了解我国现代化建设的目标、步骤和宏伟前景。通过深入把握国情和世情,增强中国特色社会主义的道路自信、理论自信、制度自信和文化自信。必须加强高校思想政治理论建设和思想政治理论教育,加强具有中国特色、时代特征的高校哲学社会科学学术理论体系和学术话语体系建设,进一步增强对中国特色社会主义的理论认同、政治认同、情感认同,不断激发大学生投身实现第二个百年奋斗目标新征程的巨大热情。

增强大学生理想信念教育的有效性,不仅需要实践教学内容的科学合理,而且取决于实施的具体方式能否激起大学生的心灵共鸣。要着眼于时代发展和形势变化,不断创新实践教学形式,提高吸引力、增强感染力、提升说服力。要指导大学生阅读经典著作、学习重要文献、撰写读书心得,把阅读学习与自我教育、自我体验相结合。要发挥先进典型的模范作用,用先进人物的事迹教育学生,请先进典型现身说法,组织先进人物事迹报告会。要充分尊重学生主体地位,从大学生的自我需要出发,通过情景教育、体验教育等行之有效的方式,让学生置身其中、感同身受,在潜移默化中接受教育。同时,充分利用现代信息技术手段和各种传媒渠道，传播正能量，弘扬主旋律。通过高校思想政治理论课实践教学，让学生在实践中掌握和运用马克思主义的理论观点和方法，提升理论素养和思想水平，提高明辨是非的能力，增强认识世界和改造世界的能力，从而坚定共产主义远大理想和中国特色社会主义共同理想。

（二）以爱国主义教育为重点，进行弘扬和培育民族精神教育

弘扬和培育民族精神，必须把爱国主义教育作为重点。爱国主义是中华民族的光荣传统，是推动中国社会前进的巨大力量，是各族人民共同的精神支柱，是社会主义精神文明建设主旋律的重要组成部分，同时也是中国培养"四有"新人的基本要求。爱国主义教育是提高全民族整体素质的基础性工程，是引导人们特别是广大青少年树立正确理想、信念、人生观、价值观，促进中华民族振兴的一项重要工作。2019年，中共中央、国务院印发了《新时代爱国主义教育实施纲要》，明确了新时代加强爱国主义教育的总体要求、基本内容，提出新时代爱国主义教育要面向全体人民、聚焦青少年，强调要丰富新时代爱国主义教育的实践载体和营造新时代爱国主义教育的浓厚氛围。在高校思想政治理论课实践教学中开展爱国主义教育，要依据《新时代爱国主义教育实施纲要》，结合学校和学生实际，制定具体的实施规划，并采取切实措施开展实践教学活动，深入开展中华民族优良传统和中国革命传统教育，高度重视民族团结教育，积极开展马克思主义民族观、宗教观，党的民族宗教政策和相关法律法规的宣传教育，培养团结统一、爱好和平、勤劳勇敢、自强不息的爱国主义精神，树立民族自尊心、自信心和自豪感。要把以爱国主义为核心的民族精神教育与以改革创新为核心的时代精神教育结合起来，引导大学生在中国特色社会主义

伟大事业的实践中,在时代和社会的发展进步中汲取营养,培养爱国情怀、改革精神和创新能力,始终保持艰苦奋斗的作风和昂扬向上的精神状态。

1. 要进行中华优秀传统文化教育,树立民族自豪感

文化是一个民族的血液和灵魂,是一个民族在长期生活中总结出来的认知世界的智慧结晶。中华优秀传统文化教育能够帮助大学生了解祖国的传统文化,传承和创新优秀传统文化的精华,促进社会主义先进文化建设,增强国家文化软实力。中华民族在创造灿烂中华文明的过程中,形成了具有强大生命力的传统文化,其内容博大精深,不仅包括了哲学、社会科学、文学艺术、科学技术等方面的成就,而且蕴含着崇高的民族精神、民族气节和优良道德;中华民族不仅孕育了无数杰出的政治家、思想家、文艺家、科学家、教育家、军事家,而且留下了丰富的文物史迹、经典著作,这笔丰厚的文化遗产是进行爱国主义教育的宝贵资源。

2. 要进行中国革命传统教育,增强历史使命感

中华民族的爱国主义精神是在漫长的历史进程中产生和发展起来的。要通过中国历史特别是近现代史的教育,使大学生了解中华民族自强不息、百折不挠的发展历程,了解我国各族人民对人类文明的卓越贡献,了解我国历史上的重大事件和著名人物,了解中国人民反对外来侵略和压迫,反抗腐朽统治,争取民族独立和解放,探索国家富强和繁荣,前赴后继、浴血奋斗的精神和业绩,特别是了解中国共产党领导全国人民为建立新中国而英勇奋斗的崇高精神和光辉业绩,使大学生继承和发扬党和人民在革命斗争中形成的革命精神、优良作风和高尚品德,而这些革命传统作为宝贵的精神财富,

是鼓舞大学生奋发图强、勇于开拓，积极为中国特色社会主义事业奋斗的巨大动力。

3. 要进行社会主义民主和法制教育、国防教育和民族团结教育，增强民族责任感

我国的宪法和法律是广大人民意志和利益的体现，要通过广泛深入的民主和法制教育，帮助大学生了解我国的政治制度、经济制度和其他各项制度。增强大学生的国家观念和主人翁责任感，养成遵纪守法的习惯，在正确行使宪法和法律规定的公民权利的同时，忠实履行宪法和法律规定的公民义务，坚决维护国家利益。要根据新时代的特点，重视现代国防教育，增强大学生的国防意识和国家安全意识，加强军政、军民团结，提高全民抵御外敌入侵、捍卫祖国独立、维护国家主权和领土完整的自觉性。教育大学生同一切出卖祖国利益、损害祖国尊严、危害国家安全、分裂祖国的言行进行坚决的斗争。中华民族是一个多民族的大家庭，不论是在内地还是在边疆，不论是在汉族地区还是在少数民族地区，都要对大学生加强马克思主义的民族观、宗教观和党的民族政策、宗教政策的教育，大力宣传各族人民为维护民族团结和祖国统一作出的不懈努力和历史贡献。在大学生中牢固树立汉族离不开少数民族、少数民族离不开汉族的思想，自觉维护民族团结和祖国统一。

大学生爱国主义教育是高校根据国家和民族的要求，结合大学生的个性特点、心理状况和思想行为，通过开展内容丰富、形式多样的思想政治教育，在与大学生的积极互动中，在与社会和家庭教育的合作中，有目的、有计划、有组织地对大学生进行爱国主义思想引导，培养大学生爱国情感的教育实践活动。在高校思想政治理论课实践教

学中有效加深大学生的爱国主义情感，应该不遗余力地把爱国主义教育根植于校园内部丰富多彩的文化体育活动中。可把阅读爱国主义图书、观看爱国主义影片和歌唱爱国主义歌曲等，作为进行爱国主义教育的重要途径。可举办以爱国为主题的各种活动，如文艺晚会、演讲比赛、征文活动、知识竞赛、辩论赛、体育比赛等，在举行活动的过程中加深融入集体、热爱祖国的情感。可以进行国防教育，增强国防观念，掌握基本的军事知识，开展军事训练，培养大学生讲道德、守纪律的良好习惯，使其在思想、技能、体质和意志等各方面得到全面发展，有力地促进自身综合素质的提高。可以发挥爱国主义教育基地的作用，更加深入地开展群众性爱国主义教育活动，激发大学生的爱国热情。

（三）以基本道德规范为基础，进行公民道德教育，加强社会主义核心价值观教育

加强和改进大学生思想政治教育，要认真贯彻以为人民服务为核心、以集体主义为原则、以诚实守信为重点，广泛开展社会公德、职业道德和家庭美德教育，引导大学生自觉遵守爱国守法、明礼诚信、团结友善、勤俭自强、敬业奉献的基本道德规范。这一基本道德规范既包含了中华民族的传统美德，包含了我们党领导人民在长期革命和建设实践中形成的优良道德传统，又借鉴了世界各国道德建设的成功经验和先进文明成果，具有鲜明的时代特色，体现了历史传统与时代精神的有机结合。在高校加强大学生的基本道德规范教育，每个大学生都应该自觉遵守，把它作为自己成长成才的道德滋养和思想保证，作为自己追求科学文明、健康向上生活方式的基本行为准则。《新时代公民道德建设实施纲要》强调要以习近平新时代中国特色社会主义

思想为指导，紧紧围绕进行伟大斗争、建设伟大工程、推进伟大事业、实现伟大梦想，着眼构筑中国精神、中国价值、中国力量，促进全体人民在理想信念、价值理念、道德观念上紧密团结在一起，在全民族牢固树立中国特色社会主义共同理想，在全社会大力弘扬社会主义核心价值观，积极倡导富强、民主、文明、和谐，倡导自由、平等、公正、法治，倡导爱国、敬业、诚信、友善，全面推进社会公德、职业道德、家庭美德、个人品德建设，持续强化教育引导、实践养成、制度保障，不断提升公民道德素质，促进人的全面发展，培养和造就担当民族复兴大任的时代新人。在高校思想政治理论课实践教学中开展道德教育，要依据《新时代公民道德建设实施纲要》，对大学生进行道德教育，加强社会主义核心价值观教育。

1. 富强、民主、文明、和谐是国家层面的价值目标

社会主义核心价值观内容是对国家、社会和个人层面价值要求的高度凝练，具有理论上的概括性和抽象性。尤其是国家层面的价值目标，在开展高校思想政治理论课实践教学时要尽量将抽象的教学目标融入具体的实践活动之中，让大学生在实践活动中潜移默化地接受教育培养。所以，在开展社会主义核心价值观国家层面的实践教学时，要根据知行统一、情理结合的原则，通过多样化的途径丰富教学内容，拓展教学空间，增强实践教学的实效性。让大学生在个人理想、人格养成中充分认识到国家昌盛和社会发展与理想人格形成的高度的关联性，把个人的职业理想、生活理想和社会理想与道德理想结合起来，培养他们为实现富强、民主、文明、和谐的国家层面价值目标而奋斗的精神和情怀。社会主义核心价值观的教育过程在很大程度上就是受教育者自我体悟、理解、深化的过程。想要在高校思想政治理论课实

践教学中开展社会主义核心价值观教育，可以通过组织大学生参观和考察爱国主义教育基地、社会主义新农村、文明社区、优秀企业等，帮助大学生深刻认识新中国成立以来，尤其是改革开放以来我国所取得的举世瞩目的成就，激发大学生的爱国意识，树立民族自信心和自豪感，增强对中国特色社会主义的道路自信、理论自信、制度自信、文化自信。

2. 自由、平等、公正、法治是社会层面的价值取向

这是从社会层面对社会主义核心价值观基本理念的凝练和总结。自由、平等、公正、法治作为现实和未来美好社会的要素，既内寓于人类的理性思维之内，又外显于人类的实践活动之中。在高校开展社会主义核心价值观教育，使核心价值观进入大学生的头脑，要把知识教育、价值观教育、法制教育与社会实践活动结合起来，把丰富多彩的教育活动与人的全面发展联系起来；要引导家庭和社会各方面主动配合学校教育，形成家庭、社会与学校携手育人的强大合力，开展多种形式的高校思想政治理论课实践教学活动。通过高校思想政治理论课实践教学，使大学生深入社会、深入实践、深入群众之中，使他们与社会生活接轨，在与社会的接触中不断增加对社会的了解，从而认识自我，找到个人与社会的结合点，增强劳动观念，锻炼意志品质，培养自由、平等、公正、法治的价值取向，促使大学生更自觉地培育和践行社会主义核心价值观。

3. 爱国、敬业、诚信、友善是公民个人层面的价值准则

高校社会主义核心价值观教育，一方面是教育大学生如何理解国家和社会发展的需求，另一方面是教育大学生如何提高自身素质以谋求自身发展的需求。这两个要求其实是内在统一的关系，只有正确理

解国家和社会的发展逻辑，才能更好地实现自身的发展目标；只有实现个体的全面发展，才能更好地推动国家和社会的繁荣稳定。在通过高校思想政治理论课实践教学开展核心价值观教育的过程中，要结合大学生自身实际，根据时代发展对教学内容进行适当增添，同时还要增加教学内容的生活气息，使实践内容与大学生的生活实际产生千丝万缕的联系。充分考虑青年人的特点，从多角度向他们提出富有吸引力的任务，发挥大学生的主体性和主动性，选择适当的时机和恰当的形式来达到预期效果，使社会主义核心价值观教育转化为符合青年学生趣味的、活泼开放的系列活动主题。爱国、敬业、诚信、友善作为公民个人层面的价值准则，大学生在参加高校思想政治理论课实践教学的过程中，通过自我体验、反思、改进、提高，将其内化为价值信念和精神追求，外化为自觉行为和日常习惯，打开从认知向品行转化的通道，在潜移默化中得以健康成长和全面发展。

（四）以大学生全面发展为目标，进行素质教育

坚持以人为本、全面实施素质教育是教育改革发展的战略主题，是贯彻党的教育方针的时代要求，其核心是解决好培养什么人、怎样培养人的重大问题，重点是面向全体学生、促进学生全面发展，着力提高学生服务国家、服务人民的社会责任感、勇于探索的创新精神和善于解决问题的实践能力。高校思想政治理论课实践教学，要以大学生全面发展为目标，深入进行素质教育，要坚持德育为先，培养高尚的思想道德素质；坚持能力为重，培养良好的科学文化素质；坚持协调发展，培养健康的身体心理素质；引导大学生勤于学习、善于创造、甘于奉献，坚定前进信心，立大志、明大德、成大才、担大任，努力成为堪当民族复兴重任的时代新人。

1. 坚持德育为先，培养高尚的思想道德素质

学校教育以育人为本，德智体美劳以德育为先，要把德育贯穿于高校教育教学的各个方面，渗透于高校思想政治理论课教学的各个环节。培养大学生高尚的思想道德素质，既要有坚定的政治信仰和良好的理论修养，又要有高尚的人格情操和优秀的思想品德。大学生的思想道德素质不仅是社会对大学生全面发展的基本要求，也是大学生顺利成长的内在表现。通过高校思想政治理论课实践教学，引导大学生到实践中去验证理论知识，学会运用和掌握科学的世界观和方法论，在切身接触和体验社会中重新认识和评价自我，了解社会、了解国情、了解基层大众，加深对党的路线方针政策的理解，增强对中国特色社会主义道路、理论、制度和文化的自信，塑造良好的道德修养、健康的思想情操、正确的政治方向和远大的理想抱负。

2. 坚持能力为重，培养良好的科学文化素质

高校的职能包括培养人才、发展科技、服务社会，大学生应具备丰富的科学文化知识和良好的思维创造能力。大学生的发展就是在接受高等教育的过程中得到知识、能力、素质与个性的全面发展，通过多层面、多学科文化知识的学习，形成较广博、宽厚、扎实的专业基础和合理、融通的知识与能力结构，发展健全的人格素质和广阔的知识视野。随着社会的发展和进步，社会对人才素质尤其是能力素质的要求越来越高。因此，在高校思想政治理论课实践教学中培养大学生的能力素质，要适应社会需求，优化知识结构，丰富社会实践，强化能力培养。让大学生通过实践教学活动，提高理论联系实际的能力和分析问题、解决问题的能力，在实践中把个人的知识转化为社会价值，灵活运用已有的知识技能，观察发现、分析解决实际的问题；增强组

织管理、沟通协调、团队合作和适应社会的能力，学会动手动脑，学会生存生活，学会做人做事，主动适应社会，学习处理各种社会关系和人际关系；培养创造精神和创新能力，积极参加创新实践活动，尝试用创造性的方法解决实践中的问题，从中积累创新经验，锻炼创新能力，增长创新才干。

3. 坚持协调发展，培养健康的身体心理素质

身心素质和谐发展是科学健康观的内在要求，健康的身心素质是大学生成长成才的有机组成部分。身心素质包括身体素质和心理素质两个部分。良好的身体素质是指大学生身体的基本情况，包括正常的发育、健康的体质、良好的生活规律和卫生习惯等，这是适应和改造环境的需要，是大学生其他各项素质提高和发展的基础。良好的心理素质是指大学生应具备鲜明独立的人格、稳定向上的情感、坚强恒久的意志等心理品质，它涉及人的性格、兴趣、动机、意志、情感等多方面的内容，是大学生综合素质的重要组成部分。从某种意义上说，心理素质制约和影响着大学生其他素质的提升。在高校思想政治理论课实践教学活动中，要引导大学生树立正确的世界观、人生观和价值观，在实践中产生自我悦纳的价值情感体验，锻炼意志品质，增强面对挫折和困难时的心理承受能力；还可以结合心理咨询室服务、心理健康周活动、心理健康讲座和知识竞赛、各种群众性体育文娱活动等，解决大学生成长成才过程中所遇到的各种身心健康问题，促进大学生的身体素质、心理素质和谐健康发展。

以上所述各部分内容不是互相独立的，而是互相联系的，其中贯穿着一条主线，那就是运用马克思主义的立场、观点和方法，结合马克思主义中国化时代化的最新理论成果，对大学生进行思想政治理论

教育。总括而言，高校思想政治理论课实践教学内容的体系构建，要根据世情、国情和时代潮流，对经济社会发展的现实问题予以关注和解答，同时以大学生的全面发展和社会全面进步作为实践教学活动的根本出发点和最终归宿点。高校思想政治理论课实践教学内容要贴近社会、贴近现实、贴近大学生的实际生活，要走出课堂、走出校园、走进社会，形成一个有层次的、递进式的教学内容体系。高校思想政治理论课实践教学内容是一个开放的体系，所面向的也是一个开放的环境，需要学校各部门齐抓共管，需要校内外相互配合，需要师生共同努力，统筹多方面的力量，整合各方面的资源，在实践中不断充实并加以完善。

第三节 高校思想政治理论课实践教学的主要方式

大学生要完成实践教学任务,首先必须开展实践教学活动,然后根据实践教学活动的情况撰写实践报告。大学生要开展实践教学活动必须选择合适的方式,掌握正确的操作方法。高校思想政治理论课实践教学的主要方式包括:参观考察、社会调查、"三下乡"活动、"四进社区"活动、青年志愿者服务、生产劳动、勤工助学、公益活动、科技发明、见习活动等。

一、参观考察

(一)含义和对象

1. 含义

这里的参观考察是指针对某一特殊环境或事件,学校有计划、有目的地组织大学生进行实地考察和了解的实践活动。参观考察是理论联系实际、教育活动与实践活动相结合的重要形式,也是大学生了解社会、了解国情、省情、乡情和了解群众,进一步认识自己,深化和巩固所学理论,增强实际工作能力,提高思想政治道德素质的重要途径。

2. 对象

参观考察的对象是某一特殊环境或事件。适合大学生开展社会实践的参观考察对象主要有以下三类。

(1)爱国主义教育基地,如遵义会议纪念馆、贵州抗日英雄纪念碑、张学良和杨虎城黔灵山公园麒麟洞囚禁室、王若飞故居、息烽集中营革命历史纪念馆等。通过对爱国主义基地的参观考察,让大学生了解中国革命的历史,可以增强大学生对党的感情和中国特色社会主义的热爱,激发大学生实现中华民族伟大复兴的责任感。

(2)企业,如国有大中型企业、私营企业等。通过参观考察企业,了解社会主义建设和改革的成就,激励大学生的自豪感,使大学生立志为祖国、为人民奉献青春。

(3)农村,如社会主义新农村建设的典型、农村改革开放、乡村振兴的典型等。通过参观考察,让大学生了解我国改革开放以来取得的辉煌成就,用强有力的事实加深大学生对党的路线方针政策的理解。

(二)参观考察的要求

1. 由学校统一组织

因为参观考察涉及学校审批和开具介绍信,与参观考察单位的联系,参观考察单位领导及有关人员介绍与讲解情况,车辆的安排,标语、横幅、音响等宣传工具的制作与购买,摄像摄影,安全纪律等复杂事项,不宜由个人或几个人组织,只能由学校统一组织。

2. 参观考察的对象要具有典型性和教育意义

参观考察不是旅行、游玩,因此参观考察的对象不能选取风景名胜区，而要选取具有教育意义，尤其是具有思想政治教育意义的地方作为参观考察的对象。要通过参观考察，使大学生亲身体验自然和社会现象、了解现实社会、感受社会主义现代化建设和改革开放的成果以及英雄人物的模范事迹，增加大学生的见识、开阔大学生的视野，帮助大学生巩固课堂学习的思想政治理论。

3. 制订参观考察活动方案

制订参观考察活动方案可以使走访参观有计划、有组织地进行。一个好的参观考察活动方案应该包括：参观考察目的、组织单位、参观考察方式、时间安排、参观考察地点、参观考察线路、车辆安排、参观考察人员及人员安排（分组、负责人、联络人）等内容。

4. 参观考察前要进行培训

为了使参观考察有组织、有秩序地进行，在参观考察之前，组织者应该专门抽调任课教师对参观考察人员进行集中培训，培训的内容包括：参观考察方式、时间、地点、人员及车辆安排、注意事项等。

5. 参观考察要全程参与

在参观考察过程中，大学生要全程参与各项活动、详细记录参观考察内容、遵守纪律及各种注意事项；参观考察结束后要及时总结并撰写实践报告。

二、社会调查

（一）含义和类型

1. 含义

社会调查也称社会调查研究法或社会调研，它是指通过实地考察和实时采集,有目的、有计划、系统地搜集有关调查对象的社会现实状况或历史状况材料的社会实践活动和方法。社会调查是常用的基本研究方法,它综合运用历史研究法、观察研究法等方法以及谈话、问卷、个案研究、测验或实验等科学方式,对有关社会现象进行有计划、周密、系统的了解,并对调查搜集到的大量资料进行分析、综合、比较、归纳,借以发现存在的社会问题,探索有关规律。深入开展社会调查,可以帮助大学生正确认识社会现象,掌握科学研究方法,提高分析问题和解决问题的能力。

2. 类型

根据调查范围的不同,社会调查可分为宏观调查(如对国家、省、县的人口普查等大范围或大规模的调查)和微观调查(如对两三人或数人的小群体的调查)。根据调查内容和功能的不同,社会调查可分为研究性调查(为解决理论性或政策性的问题)和工作性调查(为解决当前实际工作中的问题)。根据调查对象的不同,社会调查可分为典型调查、重点调查、抽样调查和个案调查。下面重点介绍其中几种。

(1)典型调查

典型调查是指从调查对象的总体中选取一个或几个具有典型的代表,如个人、群体、组织、社区等,进行全面、深入的调查,通过对个别典型对象的直接、深入调查研究,来达到认识同类事物的一般属性和规律的目的。进行典型调查的关键是正确选择调查的对象。如果典型对象选择适当,调查的结果就可以真实地反映同类事物的一般属性;如果典型对象选择错误,调查的结果就不可能真实地反映同类事物的共性,只会得出错误的结论。调查者要选择的典型对象是客观存在的，不是调查者主观选择的。调查者选择典型对象的过程，是根据调查目的，在调查对象中发现和确定典型对象的过程。典型调查的目的不在于认识少数的几个典型对象，而在于借助于典型对象研究它所代表的同类事物的共性，这就要求对典型对象进行深入、全面的直接调查。

（2）重点调查

重点调查是指通过对调查对象中重点样本的调查来大致地掌握总体的基本数量情况的调查方式。所谓"重点"，是指调查总体对象中那些在某一或某些数量指标上占有较大比重的单位或个体。重点调查与典型调查一样，它们都不是采取随机抽样的方法确定具体的调查对象的，但它们的调查对象的数量都较少，因此都比较省时、省力、方便易行。两者的差异在于：重点调查的具体对象是重点，但重点不一定要有代表性或典型性，而要求在总体中具有重要地位或在总体的数量总值中占有较大比重；典型调查的对象则要求其具有代表性或典型性。另外，重点调查主要是数量认识，而典型调查主要是性质认识。

（3）抽样调查

抽样调查是指从调查总体对象中抽取一些个人或单位作为样本，通过对样本的调查研究来推论总体的状况。与典型调查相比，抽样调查一般是标准化、结构式的社会调查，它具有综合定性研究和定量研究的功能，因此，抽样调查已成为现代社会调查的主要方式。抽样调查的调查对象一般要求采取随机抽样的方法确定。随机样本的代表性较少受到抽样者主观因素的影响，其代表性是由随机抽样方法来保证的。因此，抽样调查的可信度和有效度首先依赖于科学的抽样方法。

根据调查任务的具体要求，抽样调查需要确定调查总体的范围，这个范围就是抽样的范围。如果不能明确抽样的具体范围，就不能采取随机抽样的方法进行抽样。

（4）个案调查

个案调查有两种情形：一是专项调查，即调查的对象只有一个个体，调查的目的只是为了解这一个体的状况；二是从某一社会领域中选择一两个调查对象进行深入、细致的研究，这种研究的主要目的就是认识所选调查对象的现状和历史，而不要求借此推论同类事物的有关属性。因此，个案调查如需选择具体的调查对象，并不要求其具有代表性或典型性，只要求个案本身具有独特性。

（二）社会调查的程序

社会调查大体上要经历五个相关联的步骤，即：第一步，确定社会调查课题；第二步，设计社会调查方案；第三步，实施调查方案，收集调查资料；第四步，整理与分析社会调查资料；第五步，撰写社会调查报告。在社会调查的五个步骤中，第一步和第二步属于社会调查前的准备工作。因此，社会调查的程序也可以划分为四个阶段，即准备阶段、调查阶段、研究阶段和总结阶段。

准备阶段的主要任务是：确定调查课题，明确调查任务；明确课题调查研究的目的、意义和要求；确定调查研究的类型和方式方法，制订调查方案和调查大纲等。

调查阶段的主要任务是：按照调查设计的要求收集有关的资料。在调查阶段的初期，调查人员应尽快打开调查工作的局面，注重材料搜集工作的质量；在调查阶段的中期，调查人员应注意总结前阶段调查工作的经验与问题，提出新对策，确保后阶段的调查质量；在调查阶段的后期，调查人员要对已有调查资料进行质量检查和初步整理，以便及时发现问题，就地补充调查。

　　研究阶段的主要任务是：对资料进行审核、整理与统计，区分真假，消除资料中的假、错、缺、冗现象，以保证资料的真实、标准、准确和完整。在此基础上，对审核整理后的材料和统计分析后的数据，进行思考与加工，揭示事物的内在本质，说明事物的前因后果，预测事物的发展趋势，作出理论说明。这是社会调查的深化、提高阶段，是从感性认识向理性认识飞跃的阶段。社会调查能否出成果，以及成果作用的大小，在很大程度上取决于这个阶段的工作。

　　总结阶段的主要任务是：撰写社会调查报告。社会调查报告应着重说明调查结果或研究结论，并对研究过程、方法以及研究中的一些重要问题等进行系统的叙述和说明。

　　具体而言，社会调查的具体程序如下：

　　1. 确定社会调查课题

　　在社会调查过程中，调查课题的确定是十分关键的一步，如果这一步走得好，成果的获得也就会比较简单；反之，整个社会调查很可能无法顺利进行下去。然而，对一个课题的最终确定是一件非常困难的事情，原因主要在于其选择范围很广，只要力所能及，你可以涉及任何专业、任何地域。同时，课题的选择更是一种挑战，能否在五彩缤纷的项目之中作出一个正确的选择，将会直接影响到社会调查结果的成败。

　　选择和确定调查课题，应考虑以下五个因素：第一，该课题你是否有兴趣完成；第二，该课题你是否有能力完成；第三，该课题你是否有条件完成；第四，该课题是否与你所学知识、专业相关；第五，课题宜小不宜大。

2. 设计社会调查方案

要设计好社会调查方案，首先必须明确调查方案的基本内容，这些基本内容主要包括社会调查课题名称、调查者、调查对象、调查目的、收集资料的方式和手段、分析资料的方法、结论与建议、理论思考与讨论等。那么，怎样设计社会调查方案呢？

（1）根据调查范围选择调查方式

常用的社会调查方式有两类，即全面调查和非全面调查。

全面调查的对象是与你所研究的社会现象有关的所有人、事、物。其优点是可为认识人、事、物的全貌与整体计划提供可靠的依据。但如果课题太大，涉及的人、事、物太多，则只能采用非全面调查。

非全面调查比全面调查节约时间与经费，它包括抽样调查、典型调查和个案调查。抽样调查是从所要调查的总体对象(即研究的全部事物)中抽取一部分对象作为样本进行观察，并由样本的特征值推算总体特征值的一种方法。例如，从某学校抽取500名学生进行调查，某学校的所有学生叫作调查总体，这500名学生就是样本，而样本中的每位学生就是样本单位。样本中含有单位的数目叫作样本容量。在非全面调查的各种形式中，只有抽样调查可以对总体进行推论。一个成功的抽样调查，可以非常精确地推论总体，所以被广泛采用。

（2）根据调查方式确定调查对象

由于社会调查方式不同，社会调查对象也就不同。如果要进行全面调查，则调查总体对象的全部即为社会调查对象；如果是进行非全面调查，则必须对调查总体进行抽样来确定调查对象。

抽样有多种方法，应根据具体情况选择。第一种是单纯随机抽样。

如果调查总体中每个个体被抽到的机会是均等的，并且在抽取一个个体之后总体内的成分不变(抽样的独立性)，这种抽样方法称为单纯随机抽样。第二种是机械抽样。把调查总体中的所有个体按一定顺序编号，然后依固定的间隔取样，这种抽样方法称为机械抽样。第三种是分层抽样。按与研究内容有关的因素或指标先将调查总体划分成几个部分(层)，然后从各个部分(层)中进行单纯随机抽样或机械抽样，这种抽样方法称为分层抽样。在确定从各个部分（层）抽取对象的个数时，既要考虑各个部分(层)的个体数比例，又要考虑各个部分(层)标准差的大小，这种方法称为最优配置法。第四种是整群抽样。从调查总体中抽出来的调查对象，不是以个体作为单位，而是以整群为单位的抽样方法，称为整群抽样。

（3）根据调查内容设置调查指标

如果确定了调查内容，就可以根据这些调查内容，设置具体的调查指标。

（4）设计具体方案

根据社会调查的实际需要，可采用观察方案、文献检索方案、量表测量方案、填写问卷方案、开调查会方案等。

3. 实施调查方案，收集调查资料

设计好了调查方案后，就可以具体开展社会调查、收集调查资料。实施的调查方案不同，收集到的调查资料也各不相同。

4. 整理与分析社会调查资料

当通过社会调查获取了大量的调查资料以后，就可以对这些资料进行整理与分析。

整理与分析主要从两个方面进行。一是根据调查目的，对调查资料进行分析。分析调查资料的方法有定性分析法和定量分析法。定性分析法一般采用因果分析法、功能分析法、区位分析法、历史分析法和比较分析法等。从调查问卷和量表测量等定量分析法收集的调查资料中，可以得到大量的数据用于定量分析，一般将这些数据转化成图表，非常有利于分析。在同一专题中，往往采用定性分析法和定量分析法相结合的手段，以便迅速和精确地达到研究目的。二是根据资料分析，归纳研究结论。结论就是解决"怎么办"的问题，可分三个层次：一是获得新认知，丰富了自己和他人的知识库；二是获得解决问题的策略和建议，解决实际问题；三是进行理论归纳，如填补某方面理论上的空白等。

5. 撰写社会调查报告

社会调查报告是根据某一特定的目的，运用辩证唯物论的观点，对某一事务或某一问题进行深入、细致、周密的调查研究和综合分析后，将这些调查和分析的结果系统、如实地整理成书面文字的一种文体。如考察报告、调研报告等都是常见的调查报告体裁。

（三）社会调查的方法

社会调查的方法有很多，下面介绍几种常用的社会调查方法。

1. 文献调查

文献调查就是调查者通过查阅有关刊物、报纸、档案文件及统计资料来进行调查研究的方法。

2. 会议调查

会议调查就是通过召开会议，现场了解情况、收集资料的方法。它的优点是集思广益、互相启发、彼此验证；不足之处是易受人事方面的影响，有时会知而不言、言而不尽。

3. 访问调查

访问调查又称谈话调查，主要收集口述的材料。它有正式访问和非正式访问两种形式，两者各有优点和不足。其主要内容是实施调查，意见征询，了解个体的内心世界和心理动机。访问调查是很重要的调查手段，有时甚至是唯一的调查手段。访问调查还分为面谈访问、邮寄调查、电话调查、网络调查等。

4. 问卷调查

问卷调查是调查者通过发放调查问卷、用书面形式收集资料的一种方法。它实际上是访问调查的一种形式。问卷调查的方法具有简便易行、省时省力、调查面广、信息量大、真实性强的特点。特别是无记名调查问卷，使调查对象消除了心理方面的顾虑和障碍，可获取真实客观的材料。

调查问卷一般含有以下几项内容。① 卷题和调查者。卷题可不必太具体，调查者也可模糊些，以免使调查对象产生顾虑。② 指导语。指导语是调查问卷的开始部分，简要说明调查的意义，引起调查对象的兴趣，同时解除他们回答问题的顾虑，还应说明对问题回答的要求。指导语切忌含有暗示性。③ 问题和回答。这是调查问卷的中心部分，要注意选择问题的内容和方式。在排列问题时一般先提简单、容易引起调查对象兴趣的问题，后提开放式的问题。在内容上相互有联系的问题可放在一起。问题的内容、形式的排列同样要防止含有暗示性。④ 调查对象的基本情况，如姓名、年龄、性别等。如果这些是分类变量，可放在调查问卷的问题前面，以便进行数据处理。但为避免引起调查对象不必要的想法，影响回答的真实性，也可将此部分放在调查问卷后部，甚至有些调查问卷不必填写被调查的基本情况。调查问卷问题的形式有开放式和封闭式两种。开放式是在调查问卷上只提出问题，不列答案，由调查对象自由回答。封闭式是在调查问卷中，不仅提出问题，还提供可选择的答案，限制调查对象回答的方向和数量，他们只需在所列答案中进行选择即可。在具体设计问题的形式时，也可将开放式和封闭式结合起来，即除提供问题答案让调查对象选择外，还留有一定可供调查对象自由填答的余地，如列有"其他""请作说明"等栏目。

但问卷调查也有它的不足，发出的调查问卷常常无法收回，如收回的问卷太少，就会影响调查的可信度；问卷数量太多，分析起来也会有困难。所以，调查者要下功夫编制好调查问卷，并在卷首说明调查问卷的目的、意义及对答卷者的具体要求。

（四）社会调查的要求

1. 要具备社会调查的条件

社会调查要求大学生必须亲自进行实际操作，因而应具备一定的条件，如有熟悉的可调查的地方和单位，被调查对象愿意配合，容易获取第一手的数据和材料等。

2. 要征求任课教师的意见

社会调查的过程较复杂，难度较大，即使在条件具备的情况下，也要征求任课教师的意见，在通过任课教师的论证并取得其同意后才能开展社会调查。

3. 选择的社会调查课题具有可行性

对于大学生来说，能否把社会调查活动开展好的关键是选择的社会调查课题是否具有可行性。为了确保社会调查课题可行，不仅要对社会调查课题作反复的论证，而且要把社会调查的选题、地点等限定在很小的范围内,且通过社会调查确实能取得翔实、真实的数据和材料。

4. 要有社会调查的证明材料

社会调查必须真实可信,因此必须提供社会调查的各种材料,证明本人亲自实地进行了社会调查。

5. 撰写的调查报告真实可信

只有开展了社会调查,才能在此基础上撰写调查报告,而且调查报告的内容必须真实可信。所谓真实可信,就是调查报告要尊重客观事实,靠事实说话,要有详细的调查过程和调查内容,数据、事实要真实,不能胡编乱造。

三、"三下乡"活动

(一)含义

"三下乡"活动是指文化、科技、卫生"三下乡"活动。文化下乡活动是指通过送图书、报刊、戏、电影等下乡,开展的群众性文化活动。科技下乡活动是指通过科技人员下乡,送科技信息下乡,开展的科普活动。卫生下乡活动是指通过医务人员下乡,扶持乡村卫生组织,培训农村卫生人员,参与和推动当地合作医疗事业发展的活动。

20世纪80年代初,团中央首次号召全国大学生在暑期开展"三下乡"社会实践活动。1996年12月,中共中央宣传部、国家科委、农业部、文化部等十部委联合下发《关于开展文化科技卫生"三下乡"活动的通知》。1997年,"三下乡"活动在全国正式开展。大学生在"三下乡"活动中发挥着重大的作用。"三下乡"活动既促进了先进生产力的发展,又帮助和引导大学生按先进生产力发展要求成长成才;既传播了先进文化，又帮助和引导大学生接受先进文化的哺育；既服务了人民群众的根本利益，又促进了大学生的全面发展。

（二）活动开展的要求

1. "三下乡"活动要有组织地进行

"三下乡"活动必须有组织地统一进行，可以与团委、学工处组织的假期"三下乡"活动结合起来进行。

2. "三下乡"活动要符合农村实际和学生专业特点

"三下乡"活动不能搞形式主义，必须有实际意义。因此，各种"三下乡"活动要着眼于促进农村经济社会发展的实际，从各地农村具体情况、生产生活出发，立足于满足农民的现实需要和解决农民的切身利益问题。例如，传播农村需要的知识和技术；帮助贫困地区和困难家庭，给他们出思路、谋创业、奔小康；关心农村的贫困户、五保户和残疾人、老年人；关爱农村的妇女儿童，多为他们送温暖、办实事。同时，"三下乡"活动一定要结合各所高校的实际和大学生所学专业的特点开展。

3. 要制订"三下乡"活动方案

"三下乡"活动方案包括：活动目的、活动时间、活动地点、活动内容、参与人员、组织结构（指导教师、带队教师、组长、联络人员、记录人员、后勤人员）等。

四、"四进社区"活动

（一）含义

"四进社区"是指科教、文体、法律、卫生进社区。它是"三下乡"

活动的延伸,是加强学生思想政治教育的好形式,是当代大学生运用知识、施展才华、实践成才的好课堂,也越来越受到社区群众的热烈欢迎。

1. 科教进社区

围绕"讲科学生活、建文明社区"的主题,组织学生举办科普宣传讲座、科普知识巡回展览、科普知识竞赛等活动,宣传科学生活观念,普及科学生活知识,引导社区居民增强科学意识和鉴别能力、破除愚昧思想和落后习俗,建立科学文明的生活理念和生活方式,提高社区居民的生活质量,使科学思想在社区广泛传播,科学精神在群众心中深深扎根,形成爱科学、学科学、讲科学、用科学的社会风尚。

2. 文体进社区

组织学生发挥个人特长,充分利用社区现有文化活动中心、图书室、健身站(点)等文体设施资源,广泛开展群众文体进社区活动。从社区实际出发,有计划地开展一些形式多样、群众欢迎的文体表演和展示活动,营造社区欢乐、喜庆、温馨、祥和的气氛,提高文体活动的整体水平。

3. 法律进社区

组织学生搞好法律宣传进社区、法律实践进社区、青少年法律教育进社区和综合治理进社区等活动。结合普法活动,通过举办法制宣传教育、法制讲座,开展法律知识竞赛,组织法律咨询活动等,普及法律知识,增强群众的法制意识和防范意识,提高群众的法制观念和防范能力,优化社区的法治环境。

4. 卫生进社区

组织医学专业的学生为居民进行健康检查,开展卫生常识宣传咨询和常见疾病的义诊,普及医疗卫生知识,为残疾人、孤寡老人、下岗职工和困难家庭等弱势群体送医送药上门。

（二）开展"四进社区"活动的要求

1. 制订"四进社区"活动实施方案

"四进社区"活动实施方案包括：活动主题、活动目的、活动时间、活动地点、活动组织者、参加人员、活动内容等。

2."四进社区"活动要符合社区实际

"四进社区"活动的主题要使社区群众感兴趣，内容要贴近实际、贴近群众，可以选择大家关心的内容，如健康基础知识、常见疾病的预防和治疗、女性特殊疾病的预防和治疗、心理与健康、饮食与健康、睡眠与健康、意外伤害及其预防、中毒及急救；婚姻问题、孩子玩耍时误伤问题等以及其中涉及的法律知识和解决途径。

3."四进社区"活动要力所能及

"四进社区"活动必须在学生力所能及的范围内进行，活动项目要切实可行，可以先征求教师的意见，同时要制作必要的宣传标语和横幅，准备好活动的工具。

五、青年志愿者服务

（一）含义

青年志愿者服务以"奉献、友爱、团结、互助"为宗旨，以志愿服务的方式参与社会生活，奉献个人力量，是新时期青年人参与社会实践、锻炼个人综合品质和道德品格的良好载体活动。目前，青年志愿者服务在社会上声誉很好，每个地方都有多个自发组织的志愿者社团，并开展相关活动。

（二）参加青年志愿者服务的要求

1. 提出申请并注册

青年志愿者服务开展最好的是共青团组织，其组织制度、活动开展等方面也最正规，共青团的志愿者都是注册志愿者。如果想加入志愿者，可以去当地的共青团组织报名，然后填写一份申请表格，只要身体健康、遵纪守法就可以申请。申请通过后，你会获得一个注册志愿者证，这是你作为志愿者的身份证明。之后，共青团组织会根据你的特点，组织你参加志愿者服务。在你参加服务后，共青团组织会对你的活动表现、活动时间进行评定，在你的注册志愿者证上盖章，以此作为你的志愿活动记录。

2. 制定志愿者活动策划书

志愿者活动策划书主要有以下内容。

（1）志愿者活动策划书名称

尽可能写出具体的活动名称，如"××××年×月××大学××活动策划书"，置于页面中央；也可以在写出正标题后，将此作为副标题写在下面。

（2）活动背景

这部分内容应根据活动的特点在以下项目中选取相应的几项内容重点阐述：基本情况、主要执行对象、近期状况、组织部门、活动开展原因、社会影响和相关目的、动机。

（3）活动目的、意义和目标

活动的目的、意义应用简洁明了的语言表述清楚。在陈述活动的目的要点时，该活动的核心构成或策划的独到之处及由此产生的意义（经济效益、社会效益、媒体效应等）都应该明确写出。活动的目标要具体化,并具有可行性、时效性等特点。

(4)活动需要具备的条件

列出活动所需的人力资源、物力资源,包括使用在何处等都应详细列出。撰写这部分内容时可分已有资源和需准备资源两个部分。

(5)活动开展

作为活动策划书的正文,此部分内容表述时要简洁明了,使人容易理解,但细节方面要力求详尽,没有遗漏。人员的组织配置、活动对象、相应权责及时间地点应在这部分加以说明,执行的应变程序也应该在这部分加以考虑。具体包括以下内容:会场布置、接待室、嘉宾座次、赞助方式、合同协议、媒体支持、校园宣传、广告制作、主持人、领导讲话、会场服务、电子背景、灯光、音响、摄像、信息联络、技术支持、秩序维持、服装、指挥中心、接送车辆、活动后清理人员、合影、餐饮招待、后续联络等。在撰写活动策划书时可根据实际情况增减项目。

(6)经费预算

活动的各项费用在根据实际情况进行具体、周密的计算后,可用表格的形式列出。

(7)活动中应注意的问题及细节

内外环境的变化,不可避免地会给活动方案的执行带来一些不确定的因素。因此,当环境变化时是否有应变措施,造成的损失有多大等也应在活动策划书中加以说明。

(8)活动负责人及主要参与者

应注明活动的组织者、参与者、嘉宾等。如果是小组策划,应注明小组名称和负责人。

3. 根据计划有组织地开展志愿者服务活动

不同的志愿服务项目，服务的具体内容、方式、方法等都不同，要按照具体的志愿者活动策划书或方案开展志愿服务。但无论何种志愿者服务活动，大学生参加时都要注意：一是服务前要培训上岗，通过培训掌握服务的专业知识和技能；二是要有责任心，要尽心尽力地把所要服务的工作做好，不能想干就干，不想干就不干；三是服务要规范，针对某项志愿者服务活动，要制订服务计划，做出合理的人员分工；四是不能向服务对象提任何要求，一些服务部门在开展促销活动时，往往会给工作人员、顾客一些好处，如享受福利、赠送小礼品等，志愿者不能因为这些好处而眼红，更不能向服务对象提出任何要求。

六、生产劳动

（一）含义和分类

1. 含义

生产劳动是指到农村或企业从事某项生产活动。

2. 分类

生产劳动可以分为物质生产部门（如工业、农业、交通运输业、建筑业等）的劳动和非物质生产部门（如学校、医院等）的劳动。

生产劳动还可以分为农村的劳动和城市的劳动。农村的劳动有犁地、开渠、浇水、播种、移栽、除草、施肥、喷药除虫、收割、采摘、嫁接、修枝、打谷等；城市的劳动主要是指在企事业单位劳动。

（二）目的和意义

通过生产劳动，使大学生接触工人和农民、接触社会，促进学生树立热爱劳动、热爱劳动人民的思想,增强实践育人观念,更好地贯彻理论联系实际的原则,提高实际工作能力。

生产劳动的意义主要有以下几点。①大学生参加一些适当的生产劳动,能够克服当代大学生普遍存在的过分依赖父母、缺乏独立精神的习惯,培养自理、自立、自强的精神,提高独立生活的能力。②大学生参加一些适当的生产劳动,可以在实践中磨砺意志、锤炼品格,培养吃苦耐劳的精神和健康的心理品质,为迎接各种生活挑战奠定基础。③通过生产劳动,大学生能进一步理解劳动的艰辛、生存的艰难,能更珍惜父母的劳动成果、他人的劳动成果、人类社会的劳动成果,全面提高自身的综合素质。

(三)要求

1. 要选择有意义的生产劳动项目

生产劳动要有实际效果,必须选择具有教育意义的生产劳动项目,通过这些项目,使大学生在生产劳动期间,加强与人民群众的交往,了解他们的思想、感情、愿望、要求,学习他们的好思想、好作风,锻炼大学生的意志和毅力,增强大学生吃苦耐劳的精神。

2. 生产劳动的时间要符合规定

无论是什么样的生产劳动项目,都必须要达到规定的时间,累积劳动的时间不得少于一星期。

3. 制订生产劳动方案

为了使生产劳动有序地开展,必须提前制订好生产劳动方案。生产劳动方案应该包括:劳动时间、劳动地点、劳动单位、参与人员、劳动过程、劳动注意事项等。

4. 要遵守劳动纪律

劳动期间要服从劳动单位的安排,认真接受劳动单位的任务,严格遵守劳动单位的规章制度，虚心听取劳动技术指导人员的指导和讲解，注意劳动保护和安全，爱护劳动工具和公共财产。

5. 注意劳动安全

参加生产劳动一定要树立"安全第一"的思想。大学生在生产劳动过程中，时刻牢记安全第一，绝对不能因为要完成劳动任务而忽略了安全问题。

七、勤工助学

（一）含义和对象

1. 含义

勤工助学又称勤工俭学，是指学生利用课余时间，通过劳动取得合法报酬，用于改善学习和生活条件的社会实践活动。勤工助学是学校学生资助工作的重要组成部分，是提高学生综合素质和资助家庭经济困难学生的有效途径，是实现全程育人、全方位育人的有效平台。更重要的是，勤工助学还是一种很好的社会实践方式，通过开展勤工助学活动，可以提高学生的思想素质、道德品质和实践工作能力。

2. 对象

参加勤工助学的大部分是家庭经济情况相对较差的学生，这些学生为了缓解家庭的经济压力，自觉通过勤工助学维持生活；但也有一部分家庭经济情况较好的学生，为了增加自己的社会经验，丰富自己的阅历而参加勤工助学。为了提高学生的思想素质、道德品质和实践工作能力，学校应鼓励无论是家庭经济情况相对较差的学生，还是家庭经济情况相对较好的学生，甚至是家庭富裕的学生，都可以参加勤工助学活动。

（二）方式

1. 校内勤工助学

顾名思义，校内勤工助学就是学生在学校的组织下利用课余时间，通过劳动取得合法报酬，用于改善学习和生活条件的实践活动。在校园内，校园治理、学生教育、教学管理、图书馆等部门都可以设置若干勤工助学岗位供学生开展勤工助学活动。凡具有学籍的全日制学生都可以参加校内勤工助学。校内勤工助学的具体办法可以参照教育部、财政部2018年联合印发的《高等学校学生勤工助学管理办法（2018修订）》的有关规定执行。

（1）宗旨

勤工助学必须坚持"立足校园、服务社会"的宗旨，按照学有余力、自愿申请、信息公开、扶困优先、竞争上岗、遵纪守法的原则，由学校在不影响正常教学秩序和学生正常学习的前提下有组织地开展。

（2）组织和管理

勤工助学活动由学校统一组织和管理；任何单位或个人未经学校学生资助管理机构同意，不得聘用在校学生打工。

（3）对象

凡具有学籍的全日制学生都可以参加校内勤工助学，但同等条件下优先录用家庭经济困难的学生。

（4）岗位的设置

第一，设岗原则。

① 学校应积极开发校内资源，保证学生参与勤工助学的需要。校内勤工助学岗位的设置应以校内教学助理、科研助理、行政管理助

理和学校公共服务等为主。按照每个家庭经济困难学生月平均上岗工时原则上不低于 20 小时为标准，测算出学期内全校每月需要的勤工助学总工时数（20 工时 × 家庭经济困难学生总数），统筹安排、设置校内勤工助学岗位。

② 勤工助学岗位既要满足学生的需求，又要保证学生不因参加勤工助学而影响学习。学生参加勤工助学的时间原则上每周不超过 8 个小时，每月不超过 40 个小时。寒暑假勤工助学时间可根据学校的具体情况适当延长。

第二，岗位类型。

勤工助学岗位分固定岗位和临时岗位。其中，固定岗位是指持续一个学期以上的长期性岗位和寒暑假期间的连续性岗位；临时岗位是指不具有长期性，通过一次或几次勤工助学活动即完成任务的工作岗位。

（5）酬金标准及支付

校内固定岗位按月计酬，以每月 40 个工时的酬金原则上不低于当地政府或有关部门制定的最低工资标准或居民最低生活保障标准为计酬基准，可适当上下浮动。

校内临时岗位按小时计酬，每小时酬金可参照学校当地政府或有关部门规定的最低小时工资标准合理确定，原则上不低于每小时 12 元。

学生参与校内非营利性单位的勤工助学活动，其劳动报酬由勤工助学管理服务组织从勤工助学专项资金中支付；学生参与校内营利性单位或有专门经费项目的勤工助学活动，其劳动报酬原则上由用人单位支付或从项目经费中开支；学生参加校外勤工助学，其劳动报酬由校外用人单位按协议支付。

2. 校外勤工助学

（1）含义

校外勤工助学是指学生走出校门、进入社会，用所学的知识和技能，通过诚实劳动为社会服务。相比校内勤工助学，校外勤工助学可以更直接、更广泛地接触社会，使大学生在社会中接受锻炼，实现自我价值。

校外勤工助学主要集中在兼职、家教等岗位。

（2）酬金标准及支付

校外勤工助学酬金标准不应低于学校当地政府或有关部门规定的最低工资标准，由用人单位、学校与学生协商确定，并写入聘用协议。

（3）注意事项

第一，注意安全。

大学生在校外勤工助学时，要时刻牢记安全第一，绝对不能因求职心切，而忽略了安全问题。一些大学生通过街头张贴的广告找工作，具有很大的安全隐患，谁也不能确定自己遇到的下一位雇主是好人还是心怀不轨的人。一定要常常提醒自己，安全是最重要的。

第二，通过中介。

大学生切勿在校内外自行张贴含有个人详细信息、联系方式的求职广告，给不法分子提供可乘之机，最好通过正规的中介组织求职，或者通过亲属、老师和同学介绍也相对可靠。

第三，谨防欺骗。

在校外勤工助学时有时会存在一些陷阱，请大学生谨防受骗。

① 虚假信息。一些不规范的中介机构利用大学生急于在假期打工

的心理，夸大事实，无中生有，以"急招"的幌子引诱大学生前来报名登记。一旦中介费到手，这些中介机构便将已登记的大学生搁置一边，或找几个关系单位让大学生前去"应聘"，其实只是做个样子。

② 预交押金。一些用人单位在招聘时，往往收取不同金额的抵押金，或要求大学生将身份证、学生证作为抵押物，这些都是违规行为。

③ 不付报酬。一些大学生被个人或流动服务的公司雇用，讲好以月为单位领取工资，但雇主往往找借口拖延，此后便消失得无影无踪。

④ "高薪"招工。有些娱乐场所以高薪来吸引大学生从事所谓的"公关"工作，包括陪客人唱歌、喝茶，甚至从事不正当交易。

第四，告知行踪。

大学生在首次进行兼职、家教时，最好约上同学陪同前往。同时，最好在到达目的地后，给同学打个电话，这样一方面可以让同学知道自己的行踪，另一方面即使遇到心怀恶意的人，也可以通过这个办法让对方有所忌惮。另外，要将自己的行程表和时间表告知同寝室的人，让要好的同学掌握，以防万一。

第五，遵纪守法。

大学生在参加勤工助学活动中，要严格遵守法纪法规，通过合法途径获取报酬。要将勤工助学与学生经商区别开来。严禁学生在酒店、歌厅等娱乐场所陪酒、陪舞。

八、公益活动

（一）含义

公益活动是指一定的组织或个人为社会公共利益开展服务活动的

统称。公益活动是不计报酬、不牟私利的活动。

（二）形式

公益活动的形式很多，这里重点介绍几种适合大学生实践的公益活动。

1. 下乡义务支教

（1）含义

所谓下乡义务支教，即高校大学生为就读地区中较贫困且又缺乏师资力量的农村中小学提供志愿服务的一种实践活动。

（2）意义

第一，大学生通过下乡义务支教，了解农村，了解国情，了解当代社会问题，使其能够实事求是地把自己的理想建立在现实的基础上，尽早抛弃一些不切实际的想法，能够脚踏实地从现实出发，努力奋斗，进而实现自己的理想。

第二，下乡义务支教强化了大学生的职业道德意识。下乡义务支教的大学生是以一名教师的身份出现在讲台上的。作为一名准教师，大学生必须遵守这一职业的职业道德。这就深化了职业道德理论的教学内容，强化了大学生的职业道德意识，为大学生将来胜任工作奠定一个良好的基础。

第三，下乡义务支教能够引导大学生正确认识当前我国的就业形势，树立正确的择业观和创业观，做好在艰苦中创业、在实践中成才的准备。通过下乡义务支教，大学生能够更准确地看到真正需求人才的岗位，能够更好地树立在基层、在边疆、在祖国最需要的地方建功立业的正确的择业观、就业观。

第四，通过下乡义务支教，能够缓解偏远地区农村中小学教师缺乏的状况，同时大学生能够把自己所积累的知识运用到教学活动中，增强他们立足社会、服务社会的信心，提高他们的社会责任意识。

第五，下乡义务支教要求大学生克服很多在城市里无法想象的来自生活和工作方面的困难，这不仅使他们能够锤炼意志、完善品格，而且在实践中能够悟出很多做人的道理。

第六，在下乡义务支教过程中，大学生得到了中小学生、支教学校和社会的普遍认可，这就使其能更深刻理解"一滴水只有放在大海里才不会干"的道理，能够积极地在实现社会价值的过程中追求自我价值的实现。

（3）要求

为有效提高下乡义务支教的质量，支教大学生应注意以下要求。

第一，力争教材同步。高等教育和基础教育是截然不同的两种教育，高等教育多为"开放式"教学，而基础教育则为"注入式"教学，因此，大学生必须站在科学的高度研究教学方法，站在中小学生的角度去上课，要和教材同步，打有准备之仗，切忌站在讲台前随心所欲、信口开河。

第二，适应农村学生水平。在下乡支教过程中应以学生实用为原则，采用导入式教学，由浅入深，由易到难，循序渐进。同时，农村学生所在年级不同，年龄不同，理解能力和学习能力也不尽相同，因而大学生在下乡支教传授知识的时候，应充分考虑到这方面的状况，低、高年级学生的理解能力相差甚远，教学方式、方法及要求绝不能一概而论。

第三，精心设计教案。首先，要吃透教学大纲精神。教学大纲是教师的指导工具书，对各年级学生的要求表述得非常详细透彻，吃透了精神,就有了目标和方向。其次,要精心设计教学笔记,备课中准确把握每一节课的教学目标、训练重点、难点和关键,精心安排每个教学步骤,计算每一步所需要的时间,突出重点,环环相扣,避免教学环节中松松垮垮或"大尾巴课"等情况的发生。

第四,教学方法要灵活。不能采取"填鸭式"讲解,这会给学生带来厌烦心理,要懂得变换教学方法。要运用多种教学手段,有条件的话可采用多媒体教学,教学效果会更加理想。另外,教师幽默风趣的语言、仪表风情、亲和力等,都可激发学生的学习兴趣,参与支教活动的大学生应培养这方面的综合素质。

第五,多向支教学校的领导和教师请教。大学生也是学生,毕竟不是教师出身,未经过专门培训,缺乏教学经验,这就要求大学生要在支教过程中放下架子,多向中小学教师学习。

2. 社区服务

(1) 含义

社区服务是指直接为社区成员提供的公共服务和其他物质、文化、生活等方面的服务。这里的社区服务主要是指大学生在教师指导下,走出教室,进入实际的社会情境,直接参与并亲历各种社会生活和社会活动领域,参与社区和社会实践活动,开展各种力所能及的社区服务性、公益性、体验性的学习,以获取直接经验、发展实践能力、增强社会责任感为主旨的学习活动。

(2) 形式

当前要重点开展好的社区服务形式是:面向群众的便民利民服务,面向特殊群体的社会救助、社会福利和优抚保障服务,面向下岗失业人员的再就业服务和社会保障服务等。

（3）内容

第一，社区科技文化教育活动。参加社区各种形式的精神文明建设活动，如敬老服务、人口与保健宣传、拥军优属活动、社区学校的辅导、社区科技活动、科普宣传活动、法制宣传活动、环保与卫生宣传活动、社区文体活动。

第二，社区环境建设活动。如社区环境卫生，社区绿地领养工作、美化工作，城市交通秩序维护活动（当交警协管）等。

第三，社区志愿者活动。如为社区大型活动提供志愿者服务，在公共活动场所（如旅游景点、公园、图书馆）参与管理服务（如充当义务讲解员、服务员等），参加助残帮困活动，参加学雷锋做好事活动，参加植树节活动，参加社会主义新农村建设活动等。

（4）制订社区服务活动计划并根据计划开展活动

社区服务活动计划应该包括：活动目的、活动主题、活动主体、活动形式、活动时间、活动内容及效果等。

3. 环境保护

（1）含义

环境保护是指人类为解决现实的或潜在的环境问题，协调人类与环境的关系，保障经济社会的持续发展而采取的各种行动的总称。

（2）意义

第一，参加环境保护活动，能够使学生更好地理解人与自然的关系，使学生树立热爱大自然、善待大自然的思想观念，使学生能够为建立环境友好型社会而努力。

第二，参加环境保护活动，能够使学生增强社会公德意识，更充分地认识到环境保护人人有责。只有全社会每个人都有较高的社会公德意识，注意保护环境，才能形成更好的生存环境。

第三，参加环境保护活动，培养学生的集体主义精神，使学生对当今人类面临的主要全球性环境问题的严重性有更充分的认识，同时也会认识到要改善环境，需要全人类的共同努力，每个人或者每一个国家的生存与发展都不是孤立的，人与人之间、国与国之间，只有通力合作才能解决环境问题，才能把地球变成人类美好的家园。

（3）内容

第一，对自然环境的保护。防止自然环境的恶化，包括对青山、绿水、蓝天、大海的保护。这就要求人们不能私采（矿）滥伐（树）、不能乱排（污水）乱放（污气）、不能过度放牧、不能过度开荒和开发自然资源、不能破坏自然界的生态平衡等。这些主要依靠各级政府履行生态文明建设职能，才能得到解决。

第二，对人类居住、生活环境的保护，使之更适合人类工作和劳动的需要。人们的衣、食、住、行、玩的方方面面，都要符合科学、卫生、健康、绿色的要求。这既要靠人们的自觉行动，又要依靠政府的政策法规作保证，依靠社区的组织教育来引导，要各行各业齐抓共管，才能解决。

第三，对地球生物的保护。如：物种的保全，植物植被的养护，动物的回归，转基因技术的合理使用，保护濒临灭绝生物等。

（4）适合大学生的环境保护主题

第一，倡导保护能源、节约能源。如保护土地、矿产资源，倡导节水、节电、节粮等。

第二，倡导使用清洁能源，尽量使用可再生能源。如少用一次性制品，使用可再生产品等。

第三，倡导低碳消费。如倡导步行、骑自行车、坐公交车、少开私家车等。

依据这些主题，大学生可以组织有关活动来完成实践任务。

4. 帮助他人、社会援助、紧急援助、慈善募捐等

（1）帮助他人、社会援助、紧急援助、慈善募捐的形式

这几项活动适合大学生的形式有很多，如：给贫困地区学生捐书、捐钱、捐物；帮助孤寡老人解决一些生活难题；给弱势群体提供一些法律援助；给落后地区提供一些医疗卫生知识；给灾区提供力所能及的帮助；给福利院、孤儿院等提供相应的帮助。

（2）帮助他人、社会援助、紧急援助、慈善募捐的意义

第一，通过组织或参加这些活动，对社会弱势群体奉献爱心，被关爱对象对大学生的感恩回报，强化大学生加强自身道德修养的积极性和主动性。强化大学生对中华民族尊老爱幼的传统美德的继承和发扬，有利于大学生友爱诚信品质的培养。

第二，通过组织或参加这些活动，大学生能够认识到人生价值的实现首先是自身社会价值的实现，只有奉献社会，才能实现自身价值。从而促进大学生在实践中确立正确的人生观、价值观。

第三，通过组织或参加这些活动，大学生能够从另一个角度来认识家庭关系，既能够感受到离开父母呵护的留守儿童和没有子女关照的空巢老人的孤独与无助，也能体会到为了家庭幸福而背井离乡的打工者的艰辛。这就增强了大学生的家庭责任意识和感恩父母的意识，使他们更加珍惜父母为自己创造的来之不易的学习条件，这个过程有利于大学生家庭美德的养成。

（3）帮助他人、社会援助、紧急援助、慈善募捐的要求

第一,一定要有计划地通过组织相关活动来完成。

第二,要制订活动方案。活动方案应该包括:活动目的、活动主题、活动主体、活动形式、活动时间、活动内容及效果等。

第三,要经过相关主管部门及单位的批准或许可。

九、科技发明

(一)含义和特点

1. 含义

一提到发明,大家马上想到我国的四大发明,想到鲁班、爱迪生、袁隆平……对于自己能否也进行发明,则摇头否定。其实这种想法说明人们对发明存在错误的认识,认为发明创造就是高科技的发明。发明的实现确实需要一定的科技,但发明思想的提出、发明思路的设计,有时只不过是人们思维观念的改变与灵感的突现,这类发明与科技的关联性要小一些,是每一个人都可以实现的。

发明实际上是一种创造性活动,是指从事前人和他人从未进行过的技术或工艺活动,即"创制新的事物,首创新的制作方法"。关于科技发明的含义,世界知识产权组织将其定义为:发明是发明人的一种思想,这种思想可以在实践中解决技术领域里的特有问题,它是发明人运用自然规律而提出解决某一特定问题的技术方案。《中华人民共和国专利法》将"发明"定义为"对产品、方法或者其改进所提出的新的技术方案",并且把"发明创造"具体细化为"发明、实用新型和外观设计"。

值得指出的是,发明不同于发现。发现是揭示自然界已经存在的但尚未被人们所认识的自然规律和本质。而发明则是运用自然规律或本质去解决具体问题的技术方案。发现是不能获得专利的,只有发明才能获得专利。这里还应当指出的是,《中华人民共和国专利法》中所指的发明仅仅是一项解决某一特定问题的技术方案,尽管这种技术方案的构思在获得专利权时,有的还没有经过实践证明可以直接用于工业生产,制造成某种具体的物品,所以这是一种无形的知识财产。但是,我们也不能将这种技术方案的构思与那些只是单纯地提出技术名称和设想,或者仅仅表示一种愿望,而究竟如何实现无明确的具体办法,也不具备将来有实现的可能性的愿望相提并论。显然,后者是不能成为《中华人民共和国专利法》中所称的"发明"的。因此,科技发明的成果应该是一个明确的新的技术方案、一个明显的实物或者一种可操作的方法,如白炽灯的发明、照相机的发明、电冰箱的发明等。

2. 特点

科技发明应当具备新颖性、先进性、实用性和科学性的特点。

(1) 新颖性

新颖性是科技发明首先应该具备的特点,这是科技发明的实质,也是衡量是不是科技发明的一条最重要的衡量标准。所谓新颖性,是指在一项发明之前,或是在申请专利以前,没有出现过同样功能、构思、技术的东西,或同样的制作方法,而且这项发明并没有以任何形式向公众公开过。例如,1879年,美国发明家爱迪生发明的白炽灯,在这之前就没有类似的发明。

怎样判断科技发明的新颖性呢?

第一,以时间来判断。只要在某项发明之前,没有出现过功能、构思、制作、技术相同的作品或制作方法，那么这项发明就具备了新颖性。

第二，以公开的方式来判断。公开的方式有三种：① 尚未在国内外的生产、生活实践中公开使用过，或者尚未在商店中作为商品销售过；② 没有通过国内外的报刊、书籍、广播、电视、电影公开过，没有在展览会上以公开或内展的方式展出过；③ 没有任何人申请专利，并已被批准授予专利权而公开了的技术。凡是在这些公开方式上没有公开过的发明都是新颖的。

第三，以"公众"是否知晓来判断。一项发明要具有新颖性，必须是以前还没有向"公众"公开过的。

第四，从"个体"来判断。判断一项发明是否具有新颖性，限于以现在的一个发明的"个体"同过去已有的同类东西的"个体"相比，而不能同把过去已有的许多"个体"拼凑起来比，即不能用过去的众多个"个体"同现在的一个"个体"相比。

（2）先进性

先进性是科技发明在技术上的要求。科技发明的先进性是指一项发明在与用途、性能类似的东西相比较，技术上有所进步，解决了以前没有解决的难题；或者，在制作上使用了新的方法、工艺，提高了性能。衡量一项发明的先进性，主要采取比较的方法，即将发明作品与用途相同、性能类似的东西进行比较，看一看这项发明作品在技术上是否先进一些。

（3）实用性

实用性是科技发明的社会效益。科技发明的实用性是指科技发明能制成产品供人们使用，使用起来方便、价值大。衡量一项科技发明是否具有实用性,首先看这项发明是不是可以做成实物;其次,要看这项发明能不能解决生产、工作、生活中的实际问题,产生良好的社会效益。

(4)科学性

科学性是科技发明的决定因素。科技发明的科学性指的是科技发明的性能、原理、构造、方法等要有科学依据,不违背科学原理,没有科学性错误,不损害人们和社会的整体、长远的利益。判断一项发明是否具有科学性,是一项比较复杂的工作,一般要经过认真的实验检查、分析、鉴定。这些工作除了有些项目发明者可以自己做以外,有不少项目需要有关科研单位帮忙解决,才能对它的科学性作出结论。

(二)类型

科技发明的类型有很多,根据创新水平可以分为原创型发明和改进型发明;根据创新性质可以分为组合类发明、移植类发明、改进技术类发明、主干技术类发明、辅助技术类发明等。

1. 原创型发明

原创型发明是指发明人独立自主地完成的独有科技发明。其主要特点是首创性、突破性和带动性。首创性是指科技发明是前所未有的、与众不同的;突破性是指科技发明在原理、技术、方法等某个或多个方面实现重大变革;带动性是指科技发明在对科技自身发展产生重大带动作用的同时,还对整个经济、社会带来了重大变革。

2. 组合类发明

将两种或两种以上物体进行组合,通过组合而产生的新的产品,或选择其优势部分生成的发明,我们称之为组合类发明。组合类发明是最常见的一种发明类型,其组合的内容可以是有形物的组合、结构的组合，也可以是形态的组合、概念的组合。

3. 移植类发明

这类发明是指将某一领域中的原理、方法、结构、材料、用途等移植到另一个领域中，从而产生新的发明。例如，李四光将力学理论移植到地质学中提出了地质力学理论；直升机是模仿蜻蜓的飞行原理设计制造的。移植发明法的主要类型有：方法的移植、原理的移植、材料的移植、结构的移植和用途的移植等。

4. 改进技术类发明

这类发明多指与技术进步有关的发明，一般是某一产品或某一行业因其技术的发展、进步而产生的新的发明。

5. 主干技术类发明

这类发明多指一个企业或一个行业其核心技术的发明。

6. 辅助技术类发明

这类发明与主干技术发明是相对的，一般指服务于主干技术发明的发明，是主干技术类发明的配套和延伸。

（三）基本方法

1. 要具备科技发明的基本条件

要进行科技发明，仅仅凭美好的愿望和想法是不可能的，必须具备一定的基本条件。

（1）掌握一定的科学文化知识

任何科技发明都是在前人的科学文化知识和科技成果的基础上完成的。没有一定的科学文化知识基础，就不可能在已有的技术水平上有所创新、有所发展。有些人以为搞发明创造是靠天分和灵感，只要心灵手巧，即使知识不多也会有所成就。他们常举瓦特、爱迪生的例子，认为他俩没怎么上过学，照样有大成就。其实这是一种误解。瓦特虽然小时候家境贫寒，没有受过系统的学校教育，但这并不等于他的发明创造没有知识基础。实际上，他正是靠艰苦的自学才掌握了一定的科学文化知识，才有可能完成重大的发明创造。对蒸汽机做出重大改革的瓦特，利用在大学附属的工厂当仪器修理工的机会，向大学师生学到了很多知识。"发明大王"爱迪生更是靠自学成才。他读书经常读到废寝忘食的程度。他们由于缺少接受学校教育的机会而不得不走自学之路，我们现在有条件接受系统的学校教育，一定要珍惜机会，努力学习。在科学技术日新月异、飞速发展的今天，更要求我们掌握一定的科学文化知识。

（2）具备科技发明必备的素质和能力

科技发明必备的素质和能力就是人们通常所说的"创造能力"，它是科技发明的动力和源泉。"创造能力"是人在创造活动中表现出来、发展起来的各种能力的总称。它包括创造意识、创造性思维能力、创造的毅力和意志、创造的方法，还包括利用前人和他人研究成果的能力，从事科技发明活动的组织和协调能力，实施科技发明方案的动手操作能力等。其中，创造意识是科技发明的前提，创造意识的强弱由求异性和求新性的程度决定。

（3）具备必要的外部条件

必要的外部条件就是指进行科技发明必须具备一定的经济基础、技术设备、社会环境及信息渠道等。从事科技发明需要一定的资金，进行科学实验需要一定的材料和设备，还必须信息灵通，能够准确、及时地了解有关的研究动态、社会需求动向、同类专题研究进展情况等外部信息。缺乏这些条件，科技发明就可能半路夭折，或科技发明的成功和推广在时间上可能会更持久,甚至遥遥无期。科技发明的成功和推广要以一定的社会需求为条件,因此,没有相应、必要的外部环境,单靠发明家的个人奋斗是很难成功的。此外,必要的外部环境还包括学校领导、师长的支持与指导,家庭的理解和援助,有志于科技发明的同学之间的互相学习、彼此启发等。

2. 选择发明目标

选择发明目标是指要发明什么。发明什么?这是发明者遇到的首要问题。一个人应当如何来确立自己的发明目标呢?

(1)从自己熟悉的工作领域着手选择自己的发明目标。

(2)针对身边事物选择自己的发明目标。身边的事物,如日用品、学习用品、办公用品等并不都是十全十美的,生产这些物品的方法也不一定都是最佳的,它们或多或少地存着这样或那样的缺点。如果有人能想办法克服上面各种物品存在的缺点,那么发明的目标就会源源而来。

(3)面向市场选择自己的发明目标。市场上的商品琳琅满目,他们是否都十全十美呢?不一定。只要你有发明欲望,开动脑筋,留心观察,就会有所发现,这些商品会向你发出发明目标的信息。

(4)根据专利文献选择自己的发明目标。专利文献内容广泛,技术含量丰富,能够准确地反映最新技术发明的动态,而且常常系统地收录了某项技术发展的全过程。因此,通过对专利文献的检索和调查,发明者可能会找到有意义的发明目标和发明创意。

(5)针对生产生活中存在的问题选择自己的发明目标。如:怎样提高工作效率,怎样美化成品,怎样降低成本,有没有其他的用途,等等。

另外，在选择发明目标时，还要注意以下几点。

（1）目标要专一。在我们周围有许多项目都可能成为发明目标。但是，科技发明一般都利用课余时间来完成，一个人的精力有限，不可能同时去搞许多发明。因此，只能选择一个最有价值、容易完成的目标，专一地进行构思，收集有关信息资料，进行制作、实验，才会容易取得成功。

（2）要从简单易行的目标做起。大学生进行科技发明，应着眼于"小"字，从小突破，从简突破，从身边的事物突破，逐步提高难度。小发明从小作品做起，容易成功，有利于提高信心，积累必要的经验。

（3）选择目标要考虑其可行性，量力而行，切忌好高骛远。一定要考虑到自己是否具备完成这项发明的能力、设备和经费等条件。

3. 根据目标制订实施方案

选好发明目标后，就应该确定下来，并着手制订周密的实施方案，然后按照实施方案去执行。一般说来，制订科技发明实施方案有以下六个步骤。

（1）列出发明目标

列出明确的发明目标，确定这个目标的具体要求。

（2）分解发明目标

把已确定的发明目标分解成一些小目标，拟出为实现每个小目标所必须解决的每一个小问题。

（3）仔细研究

广泛收集与发明目标有关的情报资料，并进行仔细的研究，找出它的特征和缺点，分析借鉴，扩展思维，由此及彼，推陈出新。

（4）形成构思

为实施每个小目标和解决每一个小问题寻找可行的途径和办法。把可行的途径和办法进行组合、构思，设计出这项小发明的总体实施方案。

（5）反复修正

对总体构思、设计方案进行深入思考，反复补充和修正，使之更加完善。

（6）进行检验

按实施方案的步骤，做出样品，进行实验。以实践的结果对发明目标进行检验，看是否达到了预期的目的。

十、见习活动

（一）含义

见习活动是指各专业学生结合所学专业，进入具体的工作岗位，提前进入工作状态，综合运用所学的基础理论和专业知识，分析和解决实际问题，培养独立工作能力的学习过程。见习活动是大学生工作的一种演习或者准就业状态。不同专业的见习活动是存在一定差异的。

（二）要求

1. 制订见习活动计划

见习活动计划应该包括：见习目的、见习时间、见习地点、见习内容、见习带队教师等。

2. 遵守见习纪律

见习态度要端正；完整、清晰、有条理地记好见习笔记；严格遵守见习单位的各项规章制度，自觉服从见习单位和带队教师的统一安排；见习中途不得离岗、不得接待任何来访、不得串岗；不迟到、不早退、不旷岗、不自由活动，原则上不得请事假，有病请假须有医生证明，并向指导教师请假；虚心好学，尊敬师长，勤学好问，勤记勤干，每日写好见习日志，及时完成见习作业；加强团结，互帮互助。

第四章 高校思想政治理论课实践教学的实施、管理及保障体系

第四章 高校思想政治理论课实践教学的实施、管理及保障体系

第一节 高校思想政治理论课实践教学的实施

实践教学是一项系统工程，一般要经历实践教学准备、实践教学过程、实践教学总结三个阶段。

一、实践教学准备

"凡事预则立，不预则废"，实践教学也不例外。实践教学准备是实践教学能否取得成功的前提，实践教学准备做得好，能确保实践教学的有序进行和顺利开展，取得"事半功倍"的效果；反之，不仅无法取得预期的实践教学效果，甚至还可能遇到种种意想不到的困难和问题，影响实践教学的完成。尤其是对思想还比较单纯的大学生来说，由于缺乏社会阅历和社会经验，更需要充分的实践教学准备。

因此，高校思想政治理论课实践教学的教学部门、任课教师、大学生等都必须要做好实践教学准备，确保实践教学有一个良好的开端。

（一）实践教学动员

高校思想政治理论课实践教学是以大学生为主体的课程，教师主要

是起引导作用。大学生是否有积极性、主动性、创造性，是实践教学能否取得实效并完成的最基本的前提条件，所以，要充分发挥大学生的主体作用。同时，实践教学是一项十分艰巨的任务，必须使大学生提高认识、统一思想、步调一致地开展实践活动。另外，大学生由于生活阅历较浅，观察、分析问题时，难免表面化、片面性，缺乏全面、深刻地分析问题的能力，同样的社会现象，他们会得出各种不同的答案，甚至在遇到一些社会问题时，还可能产生错误的认识，形成负面影响，与实践教学的初衷相悖。必须用正确的思想、观念和标准，引导大学生对事物作出正确判断，帮助大学生结合实际，学习党的路线、方针、政策，深入了解国情，了解党的十八大以来的伟大成就。因此，教师必须做好充分的实践教学动员工作，使大学生意识到实践教学不仅能培养他们运用所学知识发现、分析和解决问题的能力，还能培养他们多方面的社会活动能力以及正确分析、判断社会问题的能力。

教师可以通过讲座、课堂辅导等方式，帮助大学生澄清思想上的混乱认识，让大学生充分认识到实践教学的性质、必要性和意义，明确实践教学的目的、宗旨、计划安排和要求，激发大学生参加实践的积极性和自觉性，帮助大学生在思想上和心理上做好充分的准备。同时，教师还可以借助校广播、校报、校园网等媒体宣传实践教学情况，为实践教学营造良好氛围。

（二）实践教学课堂集中辅导

高校思想政治理论课实践教学是一门崭新和特殊的课程，与高校思想政治理论课和其他专业课的实践、实习都不同，大学生对该门课程实践教学的相关理论知识和具体操作方式、方法不是很清楚；同时，大学生参加实践的过程，既是接触工农、了解社会、认识国情、

第四章 高校思想政治理论课实践教学的实施、管理及保障体系

提高觉悟的过程,也是运用知识和技能,联系实际、服务社会的过程,相关的知识和技能直接影响着实践教学的效果。因此,在开展实践教学之前,教师必须对大学生进行专门的辅导和培训,以提高实践教学的有效性。高校思想政治理论课实践教学课堂集中辅导的内容主要有以下几项。

1. 实践教学的理论

理论来源于实践,是人类认识世界、改造世界的经验总结,而理论形成以后反过来又对实践产生巨大的指导作用。理论是实践的先导,科学的理论是指导社会实践的前提。马克思曾经说过:"理论一经掌握群众,也会变成物质力量。"① 为此,教师必须对大学生加强实践教学理论的辅导,让大学生掌握坚实的实践教学理论。

2. 实践教学的操作方法

大学生在学习和掌握了实践教学的理论知识后,只是明确了为什么要开展实践教学,而怎样开展实践教学,他们并不是很清楚。因此,还必须对大学生加强实践教学操作方式、方法的辅导。高校思想政治理论课实践教学的操作方式、方法很复杂,一般包括:高校思想政治理论课实践教学的组织及管理办法,高校思想政治理论课实践教学经费的筹措与高校思想政治理论课实践教学基地的建立办法,高校思想政治理论课实践教学的实践方式及要求、考核方式及成绩评定方法,高校思想政治理论课实践报告的撰写方法等。

3. 实践教学的方针政策

大学生在开展实践活动之前要对与活动相关的方针政策和党中央

---

① 中共中央马克思恩格斯列宁斯大林著作编译局. 马克思恩格斯选集:第一卷[M]. 北京:人民出版社,2012:9.

的有关文件精神有一个较为全面的了解，这将有助于高校思想政治理论课实践教学的顺利开展。比如，到农村开展社会实践，就必须对当前涉及农业、农村、农民的方针政策和重点工作有一个了解，特别是对目前乡村振兴的内容、形式、目的、进展等都要有较为充分的了解。

4. 实践教学的知识和技能

绝大多数的社会实践活动都与社会主义建设事业密切相关。因此，在开展高校思想政治理论课实践教学之前，大学生还要较为系统地了解和掌握社会主义建设方面的知识和技能，如经济学知识、专业知识和技能。掌握经济学知识、专业知识和技能，除了主要靠日常积累以外，还可以通过教师的重点辅导来进行强化。

5. 实践教学的安全与礼仪知识

高校思想政治理论课实践教学要求大学生必须走出校门、踏入社会，而社会存在许多未知因素，其中最主要的就是安全因素，如果安全防范工作没有做好，它会直接妨碍实践教学的开展。同时，大学生踏入社会还要与形形色色的人打交道，有必要掌握一定的社交礼仪，这不仅能使实践教学开展得更加顺利，而且还能有效展示大学生的文明形象。因此，在开展高校思想政治理论课实践教学之前，对大学生加强实践教学的安全与礼仪知识的辅导非常重要。

6. 实践教学地的社情、民俗

开展高校思想政治理论课实践教学必须走出校门、踏入社会，因此，大学生有必要对实践教学地的风土民情、民俗习惯进行了解，这是增进大学生与实践教学地群众感情交流、使实践教学顺利开展的基础。实践教学地的社情、民俗主要有两个方面：一是民风、民俗情况，如人口组成、民族种类、宗教信仰、文化教育程度、经济收入水平、家庭构成和邻里关系，群众的起居、耕作、饮食习惯，以及婚、丧、嫁、娶习俗等；二是自然环境和地理情况，如气候特征、地形地貌、河流水文、植物和农作物、交通状况等。在开展实践教学之前，教师要对大学生加强实践教学地社情、民俗的辅导。

（三）编制实践方案

实践方案也叫实践计划或实践策划，它是实践教学开展的依据和参考。高校思想政治理论课实践方案应该包括以下项目和内容。

1. 实践基本情况

（1）实践项目简介

实践项目简介包括项目名称、实践时间、实践地点、人员组成及人员数量。

（2）实践背景与意义

实践背景与意义包括该实践项目的相关政策、背景资料、意义及应用价值。

（3）预期目标

预期目标是指计划达到的效果、形成的成果等。成果可以是社会调查报告、实践报告、图片、影像等。

2. 可行性分析

（1）实践地情况介绍

实践地情况介绍主要包括经济发展水平、民风民俗、特色、交通情况等。

（2）筹备情况

筹备情况包括与实践地和单位的联系情况、策划是否合理、时间能否保证、物质准备情况、存在的问题及解决方式等。

（3）安全预案

安全预案包括安全事项、突发事件、应对措施等。

（4）经费预算

经费预算包括资金情况、资金使用方向、应急措施等。

3. 实践内容

（1）实践方式与形式

实践方式包括参观考察、社会调查、志愿服务等；实践形式包括个人实践、小组实践、集中实践等。

（2）不同阶段人员安排与任务分工

应具体列出在实践的不同阶段，队伍中每个人员具体的工作安排，保证责任到人。

（3）实践进程

实践进程包括筹备、出发、实践过程中的具体安排、任务完成进度、总结、返程等。

（四）联系实践场所

联系实践场所是实践教学准备的一项重要内容，这项工作做好了，有了实践的地方，才能保证实践教学安全、有条不紊地进行，最后顺利完成实践教学任务，达到实践教学目的。实践教学的场所有很多，既可以在学校建立的实践教学基地中选择，也可以在实践教学基地之外选择，但必须具有教育意义，尤其是具有思想政治教育意义。

1. 联系方法

（1）学校联系

学校联系是指由学校统一组织的集中实践，一般由实践组织者（如教务处、马克思主义学院、团委及学工处等）出面联系。

（2）他人介绍

个人实践或小组实践需要自己联系实践场所,由于第一次参加实践,很多大学生都没有经验,对实践场所也不熟悉,这时候可以通过他人介绍的方法来联系实践场所。他人介绍的方法有三种:一是通过往届的大学生尤其是参加过实践的大学生介绍;二是利用假期回家返乡的机会投身社会实践,通过家人或者亲戚朋友在家乡帮助联系实践场所;三是通过任课教师介绍或专业课教师推荐到相关单位兼职、见习等。

（3）主动联系

个人实践或小组实践时,如果没有他人介绍,则要采取办法主动联系实践场所,可以通过招聘广告主动联系相关企业或单位来获得兼职等实践机会;也可以主动到相关单位寻找勤工助学的岗位。在联系实践场所的时候,最好能在时间、内容、方式、规模、需要等方面与实践接收单位或地方达成共识,但一定要注意不要上当受骗。

2. 联系过程

（1）开具介绍信

大学生可以到学校网站的有关网页(如马克思主义学院或者团委、学工处的网页)上下载实践联系介绍信,或者按照统一规范撰写实践联系介绍信。介绍信开具好后要加盖学校公章,然后大学生可自行与社会实践场所联系。

（2）签订协议

与实践场所联络好后,学校可根据实际情况与当地政府签订实践教学基地协议,或让实践场所给大学生开具实践地接收证明。

（3）办理证明

开展实践活动出发前相关负责人员应再次与实践场所取得联系,

确保所有的安排（如食宿、交通）都已妥当，并办理好在实践场所活动所需的证件和证明。

在联系实践场所时，一定要注意考虑交通、住宿、就餐等因素，尽量选择交通方便或成本较低的地方。

（五）准备实践用品

在实践教学的准备阶段，除了做好以上工作以外，还应准备各种实践用品。实践用品主要包括以下几项。

1. 相关证件

大学生在开展社会实践时必须接触社会，与单位和他人打交道，因此必须准备和带齐相关证件，用来证明其身份和方便住宿等。社会实践需要的相关证件主要有身份证、学生证、学校的介绍信等。

2. 学习用品

社会实践属于学生的学习活动，实践中要做笔记、拍照、录音、录像等，因此必须要准备好相关的学习用品。社会实践的学习用品主要有：笔、笔记本、纸、胶水、曲别针、文件档案袋、订书机、剪刀、尺子、通讯录、地图等，有条件的学生还可以准备照相机和录音、录像设备。

3. 生活用品

很多社会实践活动要在外住宿，大学生应携带一些生活用品。携带的生活用品可以根据社会实践时间的长短、社会实践地点的天气及条件进行准备。一般来说，常备的生活用品主要有：洗漱用具、衣物、鞋、雨具、餐具、手机、手电、蜡烛、个人卫生用品等。

4. 宣传用品

社会实践需要的宣传用品主要是指宣传材料和宣传工具，如传单、宣传册、宣传画、横幅、挂图、宣传牌、播放器材、广告纸、毛笔、各色颜料、照相机及辅助用件等。

5. 实践器材

根据实践内容和形式的不同，实践所需的器材也不同，但都必须在实践前准备好。科技、文化、卫生、法律、政策等咨询服务类实践，就要准备咨询服务类用具及器材，如参考资料、文件、专业书籍、播放器材、仪器、宣传牌、宣传画等。支教要准备支教用的教具、挂图、实验用品、文字材料等。

6. 医药卫生用品

大学生参加社会实践应严格遵守安全纪律，同时还要具备一些医药卫生常识，并准备一些必要的医药卫生用品，如：消毒止血、外伤包扎用品等外伤药品；治疗肠胃疾病的药品；治疗中暑、发烧、感冒等疾病的常用药品。为保证安全，各种医药用品要由负责卫生的人员妥善保管。

7. 文娱体育用品

在紧张的社会实践之余，同学之间、师生之间、实践者与当地群众之间有可能会组织各种文娱体育活动以丰富业余生活、增进了解、交流感情，因此，也有必要准备一些文娱体育用品，如棋牌类用品、球类用品、简易演出服、乐器、小道具等。

二、实践教学过程

当实践教学准备工作完成以后，就应该进入实践教学的实战阶段，开始具体的实践教学过程。高校思想政治理论课实践教学的过程非常复杂,要经历许多程序。

(一)选定实践项目

选定实践项目是开展实践活动十分关键的一步,它明确了实践的方向。实践项目的选定需要考虑很多因素,但主要从实践方式和实践课题两个方面进行。

1.选择实践方式

选定实践项目的第一步是要选择好实践方式,然而在众多的实践方式中,怎样选择适合自己的方式呢?

(1)选择实践方式的范围

学生要选择的实践方式有很多(详见本书第三章第三节),主要有参观考察、社会调查、"三下乡"活动、"四进社区"活动、青年志愿者服务、生产劳动、勤工助学、公益活动、科技发明、见习活动等,学生可以在这个范围内进行选择,但选择的时候一定要注意每种实践方式的含义、操作程序、具体要求、注意事项、合适性等。

(2)选择实践方式的原则

第一,思想性。高校思想政治理论课实践教学属于思想政治课,主要是对学生进行思想政治教育,因此,在选择实践方式的时候必须明确一个大方向和原则:实践方式要有助于学生思想政治素质的提高。

第二,现实性。现实性是指学生选择的实践方式要有现实意义和应用价值。因此,在选择实践方式的时候,应该考虑与社会密切相关、反映社会现象、体现民生的问题,尤其是体现社会主义现代化建设亟待解决的问题,看看能否通过实践解决某一具体问题、提出相应对策;同时,还要考虑是否有助于个人综合能力的提升和成才成长。

第三,特色性。选择实践方式切忌盲目赶"热门"和"一窝蜂",

应该要有自己的特色。特色可以从两个方面考虑：一是要"新"，人无我有，社会实践的题目、形式、内容都是新的，是别人没有的；二是要"精"，人有我优，在已有的基础上挖掘新的内容，提出新的观点和看法。

第四，可行性。好的实践方式并不一定适合自己，因此选择实践方式还要考虑可行性。可行性可以从以下几个方面考虑。一是兴趣。兴趣是最好的老师和动力，有了它，才会有热情和积极性。二是特长。结合自身专业水平、知识储备、综合能力实际，明确个人所长。三是难易程度。实践涉及的人力、物力、资金、安全、交通、食宿等因素是否能解决。

2. 确定实践课题

实践方式选择好以后，就应该选择实践课题，尤其是对于社会调查来说，选择好的实践课题是十分关键的一步，如果这一步走得好，实践的完成也就会比较顺利，反之，整个实践很可能无法顺利地进行下去。然而，对一个课题的最终确定是一件非常困难的事情，原因主要在于其选择范围很广，只要力所能及，你可以涉及任何专业、任何地域。能否在五彩缤纷的课题之中作出一个正确的选择，将会直接影响实践的成败。

在选择实践课题时，大学生需要考虑兴趣、能力、条件等因素。由于时间、精力、资金、知识水平等多方面的限制，一个人不可能在所有领域都做得很好，因此，切忌选择的实践课题过于宽泛，大而无当，要"小题目做大文章"，专攻1~2个实践课题。大学生只有努力将课题做精做深，以小见大，才可能比较容易地完成实践，取得较好的成果。而一个覆盖面很大的实践课题则往往显得过于肤浅，很难获得有价值的成果。所以，要想做好一个课题，就要注意把握住典型代表或者说是关键因素，然后再一步步地深入下去。

例如，大家可以比较"前路能有几多雨——从贵阳市农村改革管窥WTO给中国农业带来的挑战"和"加入WTO给中国农业带来的影响"这样两个课题。从二者的研究目的来说是大致是一样的，但是哪一个做调查题目更好，答案是显而易见的。前者将焦点集中到了非常有代表性的个例上，切入点就小了很多。当然，这仅仅是其中的一个具体例子，大家要善于举一反三，不要受此局限，小的切入点并不仅仅就是代表范围的缩小。

（二）组织实践队伍

实践需要人来完成，因此当实践准备工作做好并选定实践项目以后，下一步应该做的事情就是组织好实践队伍。实践的组织形式分为集中实践、小组实践和个人实践，不同组织形式的实践，队伍的组织也不同。由于个人实践是学生个人自行联系实践单位，利用课余时间、双休日或节假日以及寒暑假独自完成，相对比较简单，在此不进行详细介绍。

1. 集中实践队伍的组织

这种队伍一般是根据学校的相关精神和社会的相关要求，由马克思主义学院（或思想政治理论课教学部）结合教学要求统一组织，其特点是重点突出、主题鲜明，适合参观考察类实践。集中实践队伍应该在开展实践教学的整个年级来组织。首先，根据实践教学经费的多少、实践教学地点的远近确定实践队伍的总规模；其次，根据总规模把名额分配到各个教学班，由各班班干、团支部按照公平的原则确定名单并反馈给马克思主义学院（或思想政治理论课教学部），马克思

第四章　高校思想政治理论课实践教学的实施、管理及保障体系

主义学院（或思想政治理论课教学部）把名单集中起来以后进行分组、编队、分工；最后，马克思主义学院（或思想政治理论课教学部）把名单打印出来通知各班，而且要专门抽出时间、抽调任课教师对实践队伍进行辅导，交代有关注意事项。

集中实践队伍的组成形式各异，规模有大有小，一般根据实践内容、方式、规模、地点等情况而定，但必须有一个坚强的组织领导核心，要有专人负责工作，还应该考虑专业搭配、男女比例以及组成人员的性格特点、个人特长等因素，还要进行人员合理配备和明确分工。一支完整的实践队伍应该有以下几种角色。

（1）领队

领队一般由马克思主义学院（或思想政治理论课教学部）及相关教研室的负责人或有经验的教师担任，是实践教学的核心，负责实践活动的筹备、培训、实施、总结等全过程的组织工作。

（2）带教老师

承担实践教学任务的教师都应该主动带教，指导学生的社会实践。

（3）小组组长

分组后选择具有号召力的学生担任小组组长，负责召集队伍、安全等工作。

（4）宣传人员

宣传工作包括鼓动、新闻报道、总结，可以选择思想觉悟高、表达能力强的学生担任宣传人员。

（5）联络人员

可选择精干、具有较强社交能力、身体素质好、责任心强的学生担任联络人员，负责做好各方面的沟通与联系。

（6）后勤人员

要选择具有高度责任感、工作细心的人担任后勤人员，负责衣、食、住、行、卫生等工作。

2. 小组实践队伍的组织

小组实践队伍一般由学生自愿结合组成，人员一般以4～6人为宜，人太多容易走形式，不利于发挥每位学生的积极性；人太少又缺乏必要的交流与共鸣。

小组实践队伍组织的方法有以下四种。

（1）按兴趣爱好组织。此方法适合社会调查、科技发明、青年志愿者服务、"三下乡"活动类的社会实践。

（2）按居住地组织。此方法适合区域范围内的社会实践。

（3）按不同性格类型的学生组织。此方法适合操作性强的社会实践，便于学生实现优势互补。

（4）按寝室、社团、团支部、学生会、同乡等方法来组织。

小组实践队伍的组织应以学生自愿为主，提倡成员之间相互学习、取长补短，培养协作精神和团队精神。小组实践队伍之间也要加强交流合作，相互借鉴。小组实践队伍组成以后，教师再指导学生进行合理分工，并在团队内设立领队、小组组长、宣传人员、联络人员、后勤人员等。小组实践队伍要明确责任和任务，每个小组根据兴趣和实际情况进一步完善小组社会实践计划或方案，教师应进行相应的指导。小组活动要有相应的记录，并在活动结束后上交。即使处于同一小组，每个人完成实践以后撰写的实践报告也不应该雷同。

（三）开展实践活动

当实践教学准备、选定实践项目、组织实践队伍等工作都做好以后，就应该针对目标、实地开展实践活动。实践活动是实践教学的实战阶段，关系到整个实践教学的成功和效果。不同的实践活动有不同的实践方法、程序、过程等，在实际操作中可以根据具体情况灵活开展，但一定要注意以下几个方面。

1. 严格按照要求开展活动

实践方式的种类很多，实践的课题也很多，而每一种实践方式和不同的实践课题，其含义、具体操作方法、过程和注意事项都是不同的，大学生应该学习、熟悉、掌握其所选择实践方式及实践课题的方法，严格按照其要求开展实践活动。

2. 深入社会，亲身体验

大学生一定要深入社会，按照实践方式的要求和制订的实践方案，主动参与实践活动，亲身体验现实社会，从而获取直接经验，将课堂学到的理性认识与实践获得的感性认识结合起来。大学生要按照实践方案，针对实践目标，圆满完成实践任务。在实践活动中，大学生要发挥每个人的聪明才智，领队和带教老师要做好指导、教育工作；学生干部要各负其责，承担好联络、安全、后勤等服务性工作；每个实践队员都要承担具体的实践工作，如讲课、咨询、答疑、志愿者服务等。为使实践活动顺利进行，带教老师要向学生提出明确的行为规范要求，注重学生形象，做到文明、有序，听从工作人员的指挥；学生单独行动时，要特别注意人身和财产安全等。同时，实践队伍要尽量取得实践所在地政府及相关单位的支持、配合、帮助，谦虚谨慎、虚心好学，处理好与实践地工作人员的关系；当遇到突发性事件的时候，要沉着、冷静地处理。

3. 主动收集实践材料

大学生在实践活动中，要通过各种途径，如查阅文献图书资料、网上搜寻、问卷调查、访谈等，收集所选择实践课题的资料（基本情况、主要数据、图片、照片等）。任课教师还应告诉学生观察事物和收集材料的方法，尽可能多地增加学生的感性认识。同时，带教老师还要指导学生围绕实践课题，根据收集到的实践材料和本人的切身体验，对相关材料进行筛选、分析、加工、整理，就具体问题提出自己的设想、见解和建议等，为实践报告的撰写准备充足的素材。

4. 认真记录实践活动

实践材料除了能通过查阅文献图书资料、网上搜寻、问卷调查、访谈等途径获取以外，最重要的途径就是实践记录。实践记录不仅能把整个实践活动的基本情况、访谈的一言一行等详细记录下来，为实践报告的撰写准备充足的素材，而且能为证明实践的真实性留下充分的证据。实践记录主要有：个人笔记、访谈记录、小组活动记录、会议记录、实践活动照片、实践活动视频、实践有关证明材料等。

5. 做好实践活动小结

实践项目完成以后，还应该对开展的实践活动进行小结等收尾工作。一要做好意见的征求反馈工作。实践队伍要认真听取实践所在地政府及相关单位、领导、工作人员对实践活动各方面情况的意见和看法，根据这些意见和看法，及时进行交流和总结，得出科学结论，提出改进办法。二要做好实践用品的归还和实践场地卫生的清理工作。实践活动结束以后，实践队伍应及时把实践活动期间所借的各种实践用品归还其主人并表示谢意，同时要把实践场地清理打扫干净，给实践所在地的工作人员留下好的印象。三是要做好临别时的答谢工作。实践活动期间，实践所在地政府及相关单位、领导、工作人员对实践活动给予了很大的支持和帮助，临别时实践队伍一定要表示诚挚的感谢。

三、实践教学总结

实践教学的效果不仅取决于实践过程，还取决于实践总结，只有认真地加以总结、提炼，才能使零散、肤浅的感性认识上升为系统、全面的理性认识；把实践教学的所得汇集成实践成果，互相交流，才能使学生有所收获、有所觉悟，获得思想政治道德素质和综合能力的全面提高，真正达到实践教学的目的。

（一）整理、分析实践材料

大学生在实践活动中，通过各种途径搜集到了实践材料，这些材料既丰富多彩又杂乱无章，需要对其加以认真的整理和分析。

1. 整理实践材料

整理实践材料就是对丰富的实践材料进行梳理、分类、系统化以及必要的加工。在实践过程中，大学生应随时将搜集到的材料分门别类地排列起来，把同类或近似的材料保存在一起，以便于查找。在撰写实践报告之前，应对实践材料进行加工整理，包括核对考证、筛选淘汰、汇总统计，其目的是保证材料的真实、全面、系统、具有代表性，为撰写实践报告和以后的交流评比提供丰富的素材。

整理实践材料主要就是将材料进行分类。一般来说，实践材料可以分为以下几类。一是实践表格，如实践师生安排表、实践活动登记表、实践队伍分组、调查问卷表、调查统计表、实践基地意见反馈表等。二是实践文字材料。它主要包括实践方案或计划、实践活动参人员名单、社会调查提纲、个人笔记、活动日志、小组活动记录、会议记录、实践接收单位评语及证明、个人小结、指导教师评语、活动意向书或协议、参考文献等。三是实践影像材料，如活动照片、视频等。四是媒体报道材料，如电视、广播、报纸、刊物等媒体的报道材料。如果有这方面的材料，应该把电视台或广播电台的名称、播出栏目名称、播出时间及节目录像，以及报纸或刊物名称、刊登时间、版面、报道原件等统计整理出来。同时，对整理好的材料要注意保存，电子类材料还应该留有备份。

2. 分析实践材料

整理好实践材料以后，就要对材料进行分析研究，一般可以分为逻辑分析和统计分析两类。

逻辑分析的基本方法是分析和综合、抽象和概括、归纳和演绎。通过这些基本方法将丰富的感性材料，去粗取精、去伪存真、由此及彼、由表及里地进行加工整理，力求使实践报告具有内在的逻辑性、概念表述的准确性、分析的精辟性、论证的严密性、观点和材料的统一性。

统计分析的基本方法有绝对数和相对数分析法、平均数分析法等。通过这些基本方法将丰富的感性材料中的共同特征表现出来，做到材料真实、数据准确、图片生动，力求使撰写的实践报告具有较强的说服力。

（二）撰写、提交实践报告

1. 撰写实践报告

撰写实践报告是十分重要的一环。可以说，开展实践活动只是实践教学成功了一半，而另一半就是撰写实践报告。实践报告的撰写关系到学生能否取得好的学习效果和成绩。同样的实践活动、同样的实践过程，由于撰写的实践报告质量及社会应用价值不同，成绩也会不同。实践报告作为社会的一面镜子，从各个不同的侧面反映了社会的真实情况及存在的问题，可以作为改进工作、推动社会发展的有力武器和制定方针政策的依据或参考，以及进行思想政治教育的生动材料。

2．提交实践报告

（1）提交实践报告的时间

学生撰写完实践报告后应及时提交。由于实践教学的特殊性，提交实践报告的时间应灵活安排，总的原则是学生在规定的时间内完成实践任务以后及时提交。为了方便学生利用假期开展实践活动，提交实践报告的时间可以设置在下学期开学的第一周，各班将实践报告提交给任课教师。总之，提交实践报告的具体时间，可以根据具体情况灵活掌握。

（2）实践报告提交的要求

学生提交的实践报告后面要附上实践的有关证明材料，如实践接收单位评语或证明、实践笔记、活动日志、小组活动记录（由专人记录的可以提交复印件）、会议记录、调查问卷表、照片等。提交实践报告之前，应以班级为单位，由班长或学习委员按每个人的学号顺序将实践报告统一收齐，并清点报告份数，列出实践报告的目录清单；提交实践报告后，班长或学习委员要在登记表上签字确认。逾期未交实践报告的学生，其实践教学成绩为零分。

（三）交流、评比实践教学成果

任课教师收齐实践报告以后应该马上进行汇总，并及时地开展成果交流，以进一步增强实践教学效果。交流的范围从实践小组成员之间交流开始，延伸到各个实践小组之间交流，再到班上交流，最后到全年级、全校交流。交流的形式可以多种多样，如主题班会、团日活动、交流会、座谈会、汇报会等。每一位参与实践的学生都应该积极参加，与大家分享交流自己的实践心得和感受。任课教师要积极组织各种形式的实践交流，宣传实践教学取得的成果。同时，马克思主义学院（或思想政治理论课教学部）会同教务处、宣传部、团委、学工处等部门，组织学生通过展板、黑板报、校广播、校报、校园网、DV展、报告会等形式交流实践教学成果。

学校还应认真做好实践教学的评比工作，为以后的实践教学表彰工作做好准备。在各个层次的交流中，应开展实践教学的先进集体、先进个人和优秀实践报告的推荐工作。被推荐的各类先进，除了要提交实践报告以外，还应该提交实践登记表、实践方案或计划、社会调查提纲、调查问卷表、个人笔记、活动日志、小组活动记录、会议记录、实践接收单位评语或证明、实践总结、影像材料等实践材料。学校按照公开、公平、公正的原则统一进行评比，评选出各类先进获得者。

（四）评定、表彰实践教学成绩

评定、表彰实践教学成绩是对实践教学效果的总结和提高，有利于进一步增强实践教学的效果，促进实践教学向长期化、规范化、制度化方向发展。

1. 实践教学成绩的评定

实践教学成绩的评定具有特殊性，它不能像其他课程那样通过平时作业和期末出题考试的方式来完成。对学生实践教学成绩的评定不能只是简单地评阅学生的实践报告了事，而应当着眼于学生参加实践的态度、探索问题、解决问题的热情、分析和解决问题的能力。评定学生的实践教学成绩要把实践过程与实践结果结合起来。

（1）实践教学成绩评定的依据

第一，学生参加实践教学的态度，包括实践教学准备、实践教学活动中的参与、实践教学活动后的思考、提出建议意见，以及遵守纪律、安全、礼仪等方面。

第二，学生参加实践教学的能力，主要是指学生在参加实践活动中，如何将所学的理论知识运用于实践活动中，即由"知"向"行"的转化能力。

第三，学生参加实践教学的收获，主要是指学生参加实践活动后对有关问题的了解、认识、理解程度等。

第四，学生撰写的实践报告的质量和社会应用价值。

（2）实践教学成绩评定的办法

根据实践教学的特点，实践教学成绩的评定最好按等级来进行，建议把学生的实践教学成绩评定为优秀、良好、中等、及格、不及格5个等级，记入学生成绩档案，获及格以上者本课程成绩为合格，本科学生计2学分，专科学生计1学分。当然，也可以参照优秀、良好、中等、及格、不及格5个等级的标准评定分数成绩，其中：优秀为90～100分、良好为80～89分、中等为70～79分、及格为60～69分、不及格为60分以下。评定实践教学成绩主要由承担此课程的任课教师进行，成绩评定完以后，任课教师应及时按照学校的规定登记录入学生成绩档案。同时，学生的实践报告以及其他实践材料要统一存档保管。

2. 实践教学的表彰

为了总结经验、鼓励先进，学校应该对实践教学中表现突出的个人和集体以及优秀的实践报告予以表彰。

（1）表彰奖项

① 优秀组织奖：表彰对象为实践教学组织的优秀部门，如各二级学院、班级等。要求其社会实践动员、宣传、组织等工作细致深入，实践活动成果显著。

② 优秀小组：表彰对象为实践小组。要求其实践准备充分，主题突出，实践内容真实，实践活动丰富多彩，小组成员团结协作，撰写的实践报告优良，实践教学效果明显。

③ 先进个人：表彰对象为实践的参加者和组织者，包括学生和教师。要求学生认真准备实践，积极参加实践活动，严格遵守实践纪律，撰写的实践报告优秀；要求教师全程指导、参加实践活动，活动安排周密，工作积极主动，成效显著。

④ 优秀实践报告：要求实践报告与个人的实践内容紧密结合，过程详细，材料全面、客观、准确、具体，内容真实可信，结论正确，建议切实可行；有自己的观点和视角，主题鲜明，论据充分，分析深入透彻，有较强的说服力；结构严谨、层次清晰、逻辑性强，文字表达准确，行文流畅、生动；字数、格式符合要求，达到优秀等级。

有条件的话还可以设置优秀实践基地奖，主要表彰为实践教学提供优质服务的单位或机构。

（2）表彰办法

各类先进应该由学校统一召开大会予以表彰，奖励的办法有物质奖励和精神奖励，同时与学校三好学生、优秀学生、优秀学生干部、优秀团员、优秀团干部、优秀党员等评优、评先活动和奖学金评定挂钩。同时，注意挖掘实践教学中的闪光点，汇编优秀成果并予以推广转化。

四、高校思想政治理论课实践教学的安全防范与礼仪

实践教学与校园内的教育活动不同，它要求大学生必须走出校门、踏入社会，而社会存在许多未知因素，其中最主要的就是安全因素。同时，大学生踏入社会还要与形形色色的人打交道。因此，大学生在参加实践之前，应提前做好安全防范工作，确保安全实践，以及掌握基本的礼仪，实现文明实践。

（一）实践教学的安全防范

安者，定也（《尔雅》）。全者，完也（《说文》）。所谓安全，是指不受威胁，没有危险、危害、损失的客观状态，其中既包括外在威胁的消解，也包括内在疾患的消解。安全是人类生存和发展的基础。实践是人类活动的重要组成部分，做好安全防范工作十分重要。

1. 安全防范的重要性

（1）安全防范是实践教学顺利开展的有力保障

实践教学是锻炼大学生动手能力，促进其理论与实践相结合的重要途径，是培养社会主义合格建设者和可靠接班人的重要内容。虽然实践教学与课堂学习同属于教育活动，但是它们是有区别的。实践教学要求学生必须走出校门，到社会上去组织或参与相关的实践活动。而社会毕竟不同于校园，不确定因素太多，其中安全问题是大学生首先需要考虑的重要问题。只有确保了安全，才能保障大学生实践活动的顺利开展。所以，加强大学生实践的安全防范教育，让他们掌握安全防范知识，懂得如何进行安全防范，是实践教学顺利开展的有力保障。

（2）安全防范是提高大学生自我保护能力的重要内容

大学生大都长期生活在家长和教师的呵护之下，缺乏相应的安全

防范意识和自我保护能力。而实践教学又要求大学生走出校门、走向社会，到社会中去接受锻炼，而社会的复杂性使得这些"天之骄子"面临极大的挑战。在大学生以往的实践过程中出现过一些伤害事故，虽然原因各不相同，但都有一个共同点，就是大学生没有足够的安全防范意识，大多数大学生对事故的发生没有任何心理准备和自我保护能力，面对伤害不知所措。因此，为避免大学生在实践过程中受到伤害，必须加强大学生安全防范知识教育，使其掌握必要的实践安全防范知识和安全防范技能，提高自我保护能力。

（3）安全防范是全社会安全工作的重要组成部分

安全是人类发展的永恒主题，只要有人类就需要安全。安全是一个国家经济发展的基础，是一个社会和谐稳定的前提，是人民安居乐业的保证。一个文明进步的社会也是一个安全的社会。在我国开启全面建设社会主义现代化国家新征程，向第二个百年奋斗目标进军的关键时期，更需要一个安全的社会。社会的安全不是单一的安全，而是由社会各方面的安全构成的一个有机体，这就需要做好全社会方方面面的安全工作。它包括生产、道路、食品、药品、交通、城市、农村、学校、医院等的安全。实践教学既是学校教育的一部分，也是社会活动的一部分，因此，社会的安全也包括实践安全，实践安全是全社会安全工作的重要组成部分。安全实践意味着学生在社会实践过程中不受威胁，没有危险、危害和损失，它有利于大学生的健康成长，有利于千千万万个家庭的幸福和国家的稳定。只有在实践教学活动中学生安全了，家长和教师、学校和政府安心了，社会才更加安全。

2. 实践教学中的安全防范事项

实践教学中的安全防范事项很多，主要包括人身安全、人体健康、

第四章 高校思想政治理论课实践教学的实施、管理及保障体系

交通安全、财产安全及其他安全防范事项。

（1）人身安全

所谓人身安全，是指人的生命不受威胁，没有危险、危害。要保障大学生在实践教学中的人身安全，必须注意以下几个要求。

① 实践教学时，要建立严格的请假、销假制度，原则上不允许单个队员脱离实践队伍单独行动；如有特殊情况需要单独行动的，也必须向实践队伍的负责人说明事由、前往地点、返回时间以及确保联络畅通；应尽量减少夜间外出，尤其要禁止夜间单独外出；一般情况下，尽量不要让女生单独行动。

② 为了方便紧急情况下的迅速行动，建议不要穿拖鞋，女生不要穿裙子，长发的同学将头发扎紧，野外活动尤其如此。

③ 时刻关注实践地点的天气、水文、地质以及有可能出现的灾害隐患情况，不要到可能存在灾害隐患的地点活动。

④ 严禁参加野外登山、探险活动；实践过程中，严禁在河流、湖泊、池塘中游泳；雷雨天气不要停留在高处、树下、避雷设施附近，不要接打手机；严禁在野外用火，尤其是森林、草原等高火险地区。

⑤ 严格遵守实践接待单位的安全要求，如果要去参观考察石油、化工、核能、电力、建筑等单位，应按照接待单位的要求做好安全工作。

⑥ 遵守用电安全纪律，严防用电安全隐患，在实践居住地和活动地不要私拉电线，尽量避免在距离电力设施和高压电线很近的地方活动。

⑦ 注意出行的住宿安全，要入住有营业执照并且管理正规的旅馆或招待所，睡觉时要锁好门窗，不要与陌生人睡在一个房间。

⑧ 注意防范实践地的治安问题，应尽量减少在案件多发地区和

多发时间活动；禁止酗酒、赌博；不参与、不围观打架斗殴行为，避免和他人发生冲突；避免卷入各种群体性事件，防止被人利用和胁迫。

⑨ 严防暴力犯罪事件的侵害；女生避免穿着过于暴露的服装，避免在人烟稀少的地区和夜间单独活动；在遇到治安案件和犯罪案件时及时报警，寻求警方的协助。

⑩ 不随便接受陌生人的食物和饮料，不轻易答应陌生人的邀请约会，警惕非法组织的活动，遇到犯罪行为及时报警。

⑪ 严禁进入涉及"黄、赌、毒"的场所。

（2）人体健康

人体健康是指人的身体健康、心理健康和具有良好的社会适应能力。健康是大学生正常参加社会实践的重要条件，为了保持在实践过程中有健康的身体，应该注意以下事项。

① 避免在高温、高湿、阳光直射等不利环境下长时间活动，合理饮食，充足饮水，尽量减少中暑、日射病、热射病等情况的发生概率。如果确实要在紫外线强烈的地区如高原地带活动，也要注意采取防晒措施，避免出现晒伤情况。

② 及时关注实践地的天气预报，适时采取措施以防天气突变给身体健康带来的不利影响。

③ 合理安排作息时间，避免过度劳累，保证睡眠时间。

④ 注意饮食卫生，尽量不食用生冷食品，尽量不要饮用生水，如无绝对必要，不食用和饮用野外采集的食物和水源。外出就餐注意选择具有一定卫生条件的场所。

⑤ 了解实践地有无传染病和寄生虫等疫情，有针对性地做好防疫准备，必要时提前注射疫苗；了解实践地有无危险动物活动情况，

并做好相应准备。

⑥ 搞好个人卫生,根据实践地的情况准备好合适的个人衣物及个人卫生用具并妥善保管,减少由于高温、高湿、蚊虫叮咬等原因引起的各种疾病。

⑦ 实践过程中尽量穿长裤、袜子和运动鞋,从而减少被划伤和蚊虫叮咬的可能性。

⑧ 提前学习和掌握一些常见病的处理办法,实践时携带一些常用药品。

⑨ 在实践过程中,如有人员出现伤病,应及时到就近的合法医疗机构接受治疗;如果伤病轻微,没有必要到医疗机构治疗,也务必安排身体状况良好的人员陪同,不得让伤病人员单独停留在住宿地点或者活动地点。

(3)交通安全

交通安全是指人们在道路上进行活动时,要避免发生人身伤亡或财物损失。在实践时,大学生一定要注意交通安全。

① 要树立交通安全意识。意识能改变人的行为,行为决定后果。只有具备了很好的交通安全意识,才能确保交通的安全。

② 遵守交通规则。交通规则是维护道路交通秩序,预防和减少交通事故,保护人身安全和财产安全的基本准则,任何人都必须遵守。

③ 注意乘坐交通工具的安全,确保乘坐具有安全保障、合法客运资格的车辆,不乘坐超载车辆,服从工作人员的管理。

④ 乘坐公共车辆,应该遵守公共秩序,讲究社会公德。候车时,应依次排队,站在道路边或站台上等候,不应拥挤在车行道上,更不能站在道路中间拦车。上车时,应等汽车靠站停稳,先让车上的乘客

下完车，再按次序上车，不能争先恐后。上车后，应主动买票，主动让座给老人、病人、残疾人、孕妇或怀抱小孩的乘客。车辆行驶时，要拉住扶手，头、手不能伸出车窗外，以免被来往车辆碰擦。下车时，要依次而行，不要硬推硬挤。下车后，应随即走上人行道。需要横过车行道的，应从人行横道线内通过；千万不能在车前车尾急穿，这样很不安全。

⑤ 在道路上行走，要走人行道；没有人行道的道路，要靠路边行走。集体外出时，最好有组织、有秩序地列队行走；结伴外出时，不要相互追逐、打闹、嬉戏；行走时要专心，注意周围情况，不要东张西望、边走边看手机或做其他事情。要学会避让机动车辆，不与机动车辆争道抢行。

⑥ 穿越马路，要听从交通民警的指挥；要遵守交通规则，做到"绿灯行，红灯停"；要走人行横道线；在有过街天桥和地下通道的路段，应自觉走过街天桥和地下通道；要走直线，不可迂回穿行；在没有人行横道线的路段，应先看左边，再看右边，在确认没有机动车通过时才可以穿越马路；不要翻越道路中央的安全护栏和隔离墩，更不能在马路上滑滑板；不要突然横穿马路，特别是马路对面有熟人、朋友呼唤，或者自己要乘坐的公共汽车已经进站，千万不能贸然行事，以免发生意外。

⑦ 可考虑购买意外伤害保险和医疗附加保险等。

（4）财产安全

财产安全是指财产不受侵害和损失。在实践中大学生同样需要注意财产安全。

① 注意贵重物品的保管和存放；同行学生、老师之间应互相熟悉携带的行李，便于互相照看；上下交通工具、更换住宿地点时注意

清点物品，避免遗失；乘坐高铁或动车时记住车厢、座位、铺位号，乘坐汽车等交通工具时注意记录车号，便于出现问题时查找和联系。

② 夜间乘坐交通工具，贵重物品注意贴身存放，睡眠过程中不要将贵重物品放在行李架上，以减少被盗窃的可能。

③ 出行时注意防范扒窃，钱包、手机等物品不要放在双肩背包里或者挂在胸前；如无必要，不佩戴首饰，尤其是贵重首饰。

④ 注意防范银行卡犯罪，妥善保管证件，有效证件和银行卡不要放在一处；不携带大量现金，并且尽量不要集中一处存放；使用自动取款机取钱时应注意观察周围是否有可疑人员，注意自动取款机上是否有可疑的附加设备；自动取款机吞卡时应持回单及时和自动取款机所在银行联系或者向发卡行挂失；在任何情况下，不将卡号和密码以及身份证号码告诉陌生人（包括银行职员）。

⑤ 注意防范诈骗案件，定期和家人联系，不向陌生人泄漏自己的身份证号码和家庭联系方式；请家人不要轻易相信陌生人传达的消息，如有任何消息应及时和学校有关部门联系，切勿向陌生人或者陌生账号转账汇款。

（5）其他安全防范事项

① 注意遵守实践所在地的保密要求，自觉保守国家秘密和商业秘密。

② 慎重接受媒体采访，任何媒体采访必须经过当地政府主管部门同意，在接受采访中任何人只能以个人身份发表意见，不得以任何形式损害他人或他单位以及学校的名誉。

3. 实践中的安全防范措施

（1）增强安全防范意识

增强安全防范意识，就是对各种危害因素保持应有的防范观念和戒备心理。

增强安全防范意识是做好安全防范工作的前提。大学生参加实践，就会面临一系列安全问题，不论是自然灾害（地震、洪水、台风、雷击等），还是人为因素灾害（战争、突发公共卫生危机、环境污染、治安灾害等），其隐患总是伴随着实践活动客观存在着。因此，师生必须增强安全意识，否则我们的主观意识将严重脱离客观存在，势必存在安全问题上的盲目性。

意识虽然产生于存在，但它不是被动的，而是能动的和自觉的。只有不断地加强大学生的安全教育，增强其安全意识，使其头脑里经常绷紧安全这根弦，才能在安全防范工作中充分发挥主观能动性，自觉做好安全工作。

（2）保持信息通畅

为确保实践教学安全工作的万无一失，保持信息通畅是一个重要的条件。为此，必须做到以下几点。

① 应当使用各种方式保证实践队伍队员之间可以方便取得联系，参加实践的每个人都应有实践队伍中其他任何人的联系方式。

② 应当让参加实践的大学生知道学校相关部门和实践队伍负责人的联系方式，以保证每一位参加实践的大学生都能与学校取得联系。

③ 每天活动结束后实践队伍负责人必须清点队员人数并确定队员的身体健康和财物安全情况，并对实践队伍的安全进行评价，及时将信息报告学校及实践任课教师。

④ 应当确保每一位队员了解需要上报学校的安全事件，严禁出现瞒报、缓报情况。

⑤ 应当确保每一位队员了解实践地点政府部门、警方、医疗机

构以及接待单位的联系方式，确保每一位队员了解110、120、122等紧急电话的使用方法及注意事项。

⑥ 若出现人身或财产安全事故，应立即上报学校有关部门及联系当地警方、医疗机构和政府部门，以便及时处理。

（3）制订安全防范预案

第一，做好安全准备。

① 制订周密活动方案，落实带队教师和配备足够的指导教师及学生负责人负责管理，明确责任到人。

② 实践队伍必须成立安全、救护、疏散、通信联络等小组，并将名单报送至马克思主义学院（或思想政治理论课教学部），确保及时处理各种突发事件。

③ 对全体实践活动的师生进行安全方面（包括交通、饮食、财物、人身安全等）教育，增强师生安全防范意识。

④ 如使用校车，要做好车辆的安全检查工作，及时排除车辆事故隐患，确保万无一失。如租用车辆，应当签订合同，明确相关责任人的安全管理责任，落实学生保险，保证用车安全。严禁乘坐手续不完备、无照人员驾驶的交通工具，严禁超载运行。

⑤ 配备足量的常用药品。

⑥ 签订学生实践个人安全责任承诺书。

第二，严格安全纪律。

① 实践队伍的全体队员要听从带队教师的统一安排，遵守纪律，按照所制订的预案进行实践活动，保证人身与财产安全。

② 严格执行请假、销假制度。队员不得单独行动，晚上不得离开住宿营地。白天如有需要离开住宿营地的，必须向带队教师办理请

假手续，返回后应及时办理销假手续。

③ 认真做好作息管理。实践时应当按时作息，安全组组长在每次活动前应统一点名，做好记录，并将清点结果及时向带队教师汇报。

④ 高度重视道路交通安全。开车前，安全组组长应清点全体队员，并将结果告知带队教师。所乘车辆在行程中，必须在加油站或高速路服务站停靠，作短暂休息。车辆如遇特殊情况需要在路上停留时，车上队员不得下车。

⑤ 认真对待人员饮食卫生。带队教师安排每日伙食，做好开支记录，注重饮水、饮食卫生。队员不准酗酒，不准食用不卫生食品。

⑥ 不得前往地势险峻或安全措施不到位的地方。

⑦ 做好实践地的用水、用电、用火的安全管理。

第三，掌握安全应急处理措施。

① 发生突发事件，带队教师、应急小组应立即进行现场紧急处理，各司其职，开展工作。必要时，召开简短的事件处置紧急会议，商讨、决定处置办法。

② 联络小组应于事发第一时间向学校相关领导报告，以最快的速度取得学校领导的指示，并及时联系当地政府及相关部门，便于采取下一步行动。

③ 疏散小组立即组织师生有序撤离事发地点，疏散到安全区域。

④ 如有人员受到伤害，救护小组应立即对受伤师生采取紧急救护措施，进行止血、包扎伤口，即刻电话通知110、120或向过往车辆求助，及时将受伤师生送往离出事点最近的医院进行抢救。同时尽力保护好现场，做好其他师生的安顿工作，稳定其情绪。

⑤ 如发生交通事故，记住肇事车辆的车型、车牌、颜色，做好

现场保护,并立即拨打110报警,报告出事地点及详细情况。

⑥ 若发现有师生出现类似食物中毒的症状,应及时送往当地医院检查,进行紧急治疗。同时在全队师生中展开调查,避免发生多人中毒事件。如有人发生高烧等病症,应及时送至当地医院救治,并及时向领导小组成员汇报,采取进一步措施保证学生安全。

⑦ 如遇恐吓、胁迫、偷盗、抢劫、绑架等社会治安恶性事件,应保持镇静,机智应付,巧妙周旋,尽可能赢得时间,并拨打110电话报警。带队教师、指导教师和学生负责人应始终站在学生身前,避免学生受到人身攻击或其他伤害。

⑧ 如遇溺水事件,立即组织熟悉水性的教师和同学及当地百姓进行现场抢救,抢救后及时送往当地医院治疗。

⑨ 如有师生出现危险性病症发作(如心脏病突发等情况),应做紧急救护处理,并送往就近医院救治。

⑩ 事件处理后要及时开展调查工作,查找原因,总结经验教训,做好各项善后工作,并以书面材料的形式上报学校领导。

(二)实践的礼仪

古人云:"人无礼则不生,事无礼则不成,国无礼则不宁。"礼仪是长期的社会实践生活中形成的人际相互关系的一种表现形式,它是衡量一个人修养高低的尺度,是社会文明的标志,人们的正常生活都离不开礼仪。我国古代大思想家、教育家孔子曾说过:"非礼勿视,非礼勿听,非礼勿言,非礼勿动。"由此可见,在实践中掌握应有的礼仪多么重要。

1. 实践中礼仪教育的重要性

(1)礼仪教育有利于大学生在实践中与他人建立良好的人际关系

任何社会的交际活动都离不开礼仪,礼仪是人际交往的前提条件,是交际生活的钥匙。现代社会飞速发展的传播、沟通技术和手段日益改变着人们传统的交往观念和交往行为,尤其是人的交往范围已逐步从人际沟通扩展为公众沟通,从面对面的近距离沟通发展到多元化的沟通,从慢节奏、低频率的沟通变为快节奏、高频率的沟通。现代社会的人际沟通变化,对人类社会交往的内容和方式提出了更高要求。实践教学要求大学生跨出校门、走向社会去组织和参加活动,这就必然要求大学生与社会中各行各业的人交往,而这种交往比高校内部的沟通交流显然复杂得多。所以,加强大学生的实践礼仪教育,有利于大学生在实践中与他人建立良好的人际关系,以便实践活动的顺利开展。

(2)礼仪教育有利于大学生文明地开展实践

礼仪教育是社会主义精神文明教育体系中最基础的内容。讲文明、讲礼貌是人们精神文明程度的最具体表现。一个人的言谈、举止、仪表和服饰都能反映出他的思想修养、文明素质和精神面貌。这不仅关系到个人形象,也会影响其所在学校乃至整个社会的精神面貌。然而,当前一些高校存在着这样的现象:学生接受的是高层次教育,而其实际行为却连基本道德水平都达不到。这不仅体现不出大学生应有的文明素质,也损害了学校的形象,同时也暴露出高校礼仪教育的缺失。所以,加强社会实践礼仪教育不仅可以进一步提高大学生的礼仪修养,培养其应对酬答的交际能力,使其养成良好的礼仪习惯,具备基本的文明教养,而且可以在实践中展现大学生和高校的良好形象。

(3)礼仪教育有利于培养大学生的综合素质以满足社会的需要

未来社会所需要的是综合素质全面发展的人才,而不是有才无德

第四章 高校思想政治理论课实践教学的实施、管理及保障体系

的"危险品"。礼仪是大学生综合素质的重要组成部分，礼仪教育也是高校培养全面发展型人才的重要内容。通过人际交往活动，尤其是复杂的社会实践中的人际交往活动，在交往中获得友谊，在实践中得到历练，是大学生适应社会发展的迫切需要，是从"依赖于人"的人发展成"独立"的人的迫切需要，也是建立良好的人际关系、成功地走向社会的迫切需要。实践礼仪教育是高校礼仪教育的重要组成部分，也填补了目前一些高校缺失的礼仪教育，对于提高大学生的综合素质以满足未来社会的需要具有重要作用。

2. 实践的基本礼仪

（1）见面礼仪

① 目光。与人交流时应正视对方脸部由双眼底线和前额构成的三角区域，同时应将目光放虚，切忌聚焦，对方会感到你的诚意。交谈时要将目光转向说话的人，以示自己在倾听。一般持续注视对方的时间要把握在几秒钟以内，否则会引起对方的反感和不安。另外，还要灵活使用不同的目光来表达自己内心的情感。

② 表情。与人交流时要面带微笑，谦和热情。在跟对方见面时要带着微笑，在跟对方交谈时要面带微笑，在跟对方打招呼时要点头微笑，在跟对方告别时要握手微笑。微笑必须真诚、自然、适度、得体，笑得有分寸、不出声，含而不露，不能哈哈大笑，捧腹大笑；得体就是要恰到好处，当笑则笑，不当笑则不笑。否则，会适得其反，给对方留下不好的印象。

③ 站姿。站立时要求做到头正目平，面带微笑，微收下颌，挺胸收腹，两手自然下垂或叠放在身体前面，两腿立直并拢，脚跟相靠，脚尖张开约60°，给人以挺拔、优雅的印象。

④ 坐姿。入座时动作要轻而缓,最好只坐在椅子的2/3处,背部不靠椅背,女生必须两腿并拢,男生可稍微分开,双手叠放或平放在大腿上,身体保持挺直并可稍稍前倾,自然放松,面带微笑,给人端庄、大方的感觉。

⑤ 行走。走路时双腿应协调稳健,轻松敏捷;双目向前平视,面容平和自然;双肩平稳,双臂前后自然摆动,摆幅以30°~35°为宜;上身挺直,收腹,立腰,重心稍前倾;双脚注意避免内外八字,步幅要适当。

⑥ 进出房间。进入他人房间或办公室,都应轻轻敲门,得到允许后方可进入,切不可贸然闯入。敲门时应以指关节轻敲;进入房间时脚步要轻,如果需要关门的话,要回身把门关好。走出房间时应该回身把门带上,不能扬长而去。

⑦ 握手。握手时讲究"尊者优先"。通常年长(尊)者先伸手后,另一方及时呼应。来访时,主人先伸手以表示欢迎;告辞时,待客人先伸手后,主人再相握。要把握好握手的力度和时间,握手的力度以不握疼对方的手为限度;初次见面时,时间一般控制在3秒内。标准的握手姿势(纯礼节意义上握手姿势)是:伸出右手,以手指稍用力握住对方的手掌(手掌应与地面垂直),持续1~3秒,双目注视对方,面带笑容,上身要略微前倾,头要微低。

⑧ 手势。打招呼、致意、告别、欢呼、鼓掌等都属于手势范围,应该注意其力度的大小、速度的快慢、时间的长短,不可以过度。例如,鼓掌时应用右手掌轻拍左手手掌心;在任何情况下,不要用大拇指指向自己的鼻尖和用手指点他人;介绍某人时,应该手心向上,手臂伸平,手指自然并拢,上身稍向前倾,以示敬重;在生活中要避免

出现令人反感的动作，如当众搔头皮、掏耳朵、搓泥垢等。

⑨ 介绍和自我介绍。你为他人作介绍时，应先把晚辈介绍给长辈，把地位低者介绍给地位高者，把男士介绍给女士。接待客人，把客人介绍给主人后，一般是把晚到的客人介绍给早到的客人。介绍时，注意要把手掌伸出去（手心向上），向着被介绍的一方。被介绍者应当表现出想结识对方的热情，双目应该注视对方，不可东张西望。而在进行自我介绍时，自我介绍者的举止要庄重、大方，眼睛看着对方或是大家，可将右手放在自己的左胸上，表情应坦然、亲切，不要慌张，不要面红耳赤或显得不知所措。自我介绍时陈述的时间宜短不宜长，内容宜简不宜繁。

⑩ 致意。致意表示问候，是一种常用的礼节。具体有：起立致意、举手致意、点头致意、欠身致意、脱帽致意等。致意要注意文雅，动作必须认真。

⑪ 鞠躬。如果要表示对他人敬重，可以向其鞠躬。方法是：首先立正站好，保持身体的端正，同时双手在体前搭好（右手搭在左手上），面带微笑；然后以腰部为轴，整个腰及肩部向前倾斜15°～30°，目光应该向下，同时问候"您好""欢迎光临"等。

另外，务必要克服不文明的行为举止习惯，如走动、就座、开门、关门时要尽量保持安静，见面时切忌嚼口香糖、抽烟等。

（2）谈话礼仪

人际交往中应随时注意使用礼貌用语，这是谈话中的基本要求。

① 称呼。称呼指的是人们在日常交往应酬之中，所采用的彼此之间的称谓语。在人际交往中，选择正确、适当的称呼，反映着自身的教养、对对方尊敬的程度，甚至还体现着双方关系发展所达到的程

度和社会的风尚。因此，要注意称呼礼仪，不能疏忽大意，随便乱用：一是称呼要合乎常规，二是要照顾被称呼者的个人习惯，三是要入乡随俗。在日常生活中，称呼应当亲切、自然、准确、合理，不可肆意为之。在社会交往中，常常以交往对象的职务相称，以示身份有别、敬意有加，这是一种最常见的称呼方法；而知识界人士在其工作场合或与之有关系的场合，可以直接称其职称或在职称前冠以姓氏；对新结识的人，对于年长于自己的，可以称之为"老师"。除了这些以外，现在日常交往中，常见的称呼是"先生""女士"。要注意"您"和"你"的使用区别，做到尊重对方，不伤感情。

② 问候。根据彼此的关系问候"您好""你好""早上好""晚安"等。初次相识可说"您好！见到您很高兴"。

③ 感谢。表示感谢时可用"谢谢！""麻烦你了，非常感谢！"等，并注意说明感谢的原因。

④ 道歉。做了不应该做的事，应及时道歉，可用"对不起，实在抱歉""真过意不去""真是失礼了"。不经意打扰别人，应说："对不起，打扰了""对不起，打断一下"等。

⑤ 征询。征询语有"您有什么事情吗？""我能为您做些什么吗？"等。

⑥ 应答。应答语有"您不必客气""没关系，这是我应该做的""照顾不周，请多指正"。

⑦ 赞美。赞美语有"很好""很不错""太好了"等。

⑧ 慰问。慰问语有"您辛苦了""让您受累了""给你们添麻烦了"等。要特别注意"请"字的运用，如"请您指教"等。

（3）迎送接待礼仪

① 接站。对远道而来的客人，要做好接站工作，掌握客人到达

的时间，保证提前迎候；接站时，准备迎客牌，并在客人到达时高举，以便客人辨认。

② 会面。客人到达，应主动迎接，热情打招呼。如果对方是长者或身体不太好，应上前搀扶；客人手中提有重物时，应主动接过来。

③ 入室。陪客者应走在客人的左边，或走在主人和客人的身后；到达会客室门口，应打开门，让客人先进，并把客人介绍给在场的有关人员。

④ 送客。按照接待时的规格对等送别。客人离开时，送客者应与客人热情话别。

第二节　高校思想政治理论课实践教学的管理

高校思想政治理论课实践教学不仅需要详细的计划和周密的组织，还需要严格的管理。严格的管理是实践教学深入、持久、健康、稳定开展的保证，而严格的管理是通过设立科学的管理机构和制定严密的纪律与规章制度来实现的。无论是实践教学的组织者还是参加者，无论是集体还是个人，无论是教师还是学生，都必须通过纪律和规章制度来加以约束和规范。

一、实践教学的管理机构及职能

在学校党委和行政的领导下成立实践教学管理委员会，并建立由有关部门负责人参加的实践教学联席会议制度，定期召开工作协调会，统筹规划实践教学。

实践教学管理委员会可以由学校的教务处、马克思主义学院（或思想政治理论课教学部）、宣传部、团委、学工处、各学院等部门参加，各部门分工各有侧重又相互衔接。教务处负责教学计划的制订、教学任务和课程表的下达，建立实践教学基地，印刷和发放《实践教学指导手册》以及有关实践教学表格等，接受实践教学成绩的统计、录入。马克思主义学院（或思想政治理论课教学部）负责组织教师集体备课，确定实践教学的方式、时间、地点，安排任课教师和教学任务，根据具体情况部署集中实践活动，组织任课教师批改学生的实践报告，评定实践教学成绩并统计、录入，推荐实践教学优秀个人和实践报告，对实践教学进行总结、评比、表彰。宣传部负责组织校广播、校报、校园网等校园媒体宣传报道学校实践教学情况，宣传实践教学中突出的人和事，为实践教学营造良好氛围。学校团委、学工处与马克思主义学院（或思想政治理论课教学部）一起组织假期集中实践活动，如联系实践教学基地、组建实践小分队、与"三下乡"活动相结合等共同完成实践教学任务。学生所在学院配合对实践学生的管理。

二、对任课教师的管理

任课教师是实践教学的指导者和组织者，对实践教学必须做到精心组织、周密安排。在实践教学中，任课教师必须做好如下工作。

（1）密切与各授课班级的联系，了解各班课程安排情况，提出实践教学方案，由学院或教研室进行统筹安排。

（2）开展实践教学前，制订实践方案。实践方案应包括：实践的目的、任务及要求、内容和形式、时间地点、经费预算、安全注意事项等。

（3）以班级为单位对学生进行实践教学动员和辅导，内容包括：实践教学的性质、内涵、内容、目的、意义、方式、过程、实践报告的撰写、安全与礼仪等内容。同时，要根据学生的层次、专业性质、实践教学地点的实际情况等，向学生提出注意事项。

（4）根据课程和专业特点帮助学生选择和确定实践的内容、方式、课题、地点。实践的内容、方式、课题的选择确定要有针对性、典型性、可操作性，地点选择以学校所在的地区为佳。同时，还可以启发、鼓励学生发现问题，使学生既可以在所提供的参考方式、主题中选择自己要进行实践的方式和课题，也可以另外选择实践方式和另拟题目。

（5）指导学生编制实践方案。实践方案应该包括实践的时间、地点、人物、步骤、方法，问卷的设计，实践具体实施过程及其分工等内容。

（6）亲自带队参加学校、学院组织的集中实践，负责维护学生安全和纪律。对于没有参加集中实践的学生，任课教师要督促其与自己保持联系并按时完成实践任务。

（7）指导学生对实践获取的第一手资料进行整理、归类、分析、综合，指导学生撰写、修改、打印、装订实践报告。

（8）认真、及时地批改、评阅学生的实践报告，并结合学生在整个实践活动中的表现，综合评定每个学生的实践教学成绩并录入、上报教务处。

（9）对实践教学进行总结。总结的内容包括对学生撰写的实践报告进行总结，在教学班级上组织相应的交流会或报告会（必要时也可以组织全校性的），以深化学生对实践教学成果、问题的认识。

三、对学生的管理

学生是实践教学的实际参加者和具体操作者，是实践教学取得成效和成功的关键，因此必须严格加强管理。在实践教学中，学生必须严格遵守实践教学的有关要求、行为规范、纪律和安全防范措施等。

（1）要高度重视实践教学。实践教学是必修课程，学生必须高度重视、认真完成，无故不参加者视为旷考，成绩为零分，必须重修，直至重修及格才准予毕业。

（2）根据自己所学知识和专业特点，结合个人实际，认真选择适合自己的实践项目。实践项目必须真实可信，必须符合学校的要求。

（3）在确定实践项目后，要针对实践目标，制订实践计划或方案，积极开展实践活动，认真完成实践任务。

（4）实践要在力所能及的范围内进行，内容和数据要真实，严禁任何形式的抄袭。实践报告不能雷同，即使是两人以上一起进行实践，实践报告也不能完全相同，必须根据自己实际参加的实践活动，详细撰写真实可信的有实践过程、实践内容和心得体会的实践报告，或从不同角度撰写实践报告。

（5）撰写的实践报告要符合学校的要求，字数一般不能少于3000字；同时严格按照实践报告的方法、程序、要求等撰写，并按统一的封面、格式等要求排版、打印、装订；实践报告要按规定的时间和要求交给任课教师，逾期未交者，其实践教学课程视为旷考，成绩应为零分。

（6）在实践活动中，要服从带队教师、实践单位工作人员的统一安排和指挥，遵章守纪。集体活动要步调一致，不能各行其是，个人一定要服从集体，学校所制定的纪律或制度必须无条件地遵守；要坚持必要的请示和请假、销假制度；要有时间观念，实践活动过程中涉及的诸如集合时间、分散时间、联络时间、作息时间等必须严格遵守。

（7）实践活动中要自觉遵守国家法律法规，凡是利用实践活动违法乱纪者，学校将追究其责任，后果自负。

（8）实践时一定要注意安全，把安全放在第一位，要根据实践地的民情和自然环境提出安全防范措施，如不能私自游泳、登山等。

（9）实践时要讲究科学方法，注意礼貌，自己的言行都要与身份相符，要严格遵守《大学生日常行为规范》，展现大学生应有的素质和形象。

（10）尊重实践地的风俗习惯。不损害实践地人民的物质利益，不伤害实践地人民的感情。同时，还应了解当地有关规定和不成文的习惯(规矩)、风俗、禁忌等。

第三节　高校思想政治理论课实践教学的保障体系

为确保高校思想政治理论课实践教学的顺利开展，高校应从实际出发建立健全与实践教学相关的长效机制，以推动高校思想政治理论课实践教学能够有效地组织实施。

一、实践教学经费的保障

经费是实践教学开展的物质保障，是实践教学顺利进行的重要条件，因此，学校必须设立专项资金来保障实践教学的开展。同时，应该多途径、多渠道筹集实践教学经费，要通过国家、地方、学校和实践接收单位等方面来解决，各级政府要创造条件支持大学生参加实践，加大投入，帮助学校加强实践教学设施的建设，不断改善实践教学条件。

（一）学校设立实践教学专项资金

学校要深刻认识实践教学的地位和作用，把实践教学经费纳入人才培养成本，创造条件支持大学生参加实践教学；实践教学要有固定的经费投入，专款专用。同时，应对任课教师发放课时津贴。在固定经费投入的基础上，想办法扩大拨款比例，使课程地位、课时与经费相符。

（二）多方面筹措实践教学经费

第一，学校与企业开展互利性质的实践活动，大学生通过实践，获得一定的报酬，以弥补实践教学经费的不足。

第二，学校可以联系政府有关部门、社会团体、社会福利机构、民间组织以及其他非营利组织，为其开展社会服务活动，费用由对方承担。

第三，学校承担一些社会公共项目让大学生进行社会实践工作，以公共项目的经费作为实践教学经费。

第四，学校可以将大学生实践活动与教师课题研究项目相结合，让大学生参与课题的调查部分或者操作动手部分，费用从项目经费中支出。

第五，大学生自己承担一部分实践费用，大学生可以选择无费用或低费用的实践项目以减少经费支出。

二、实践教学基地的建立

（一）实践教学基地的界定

高校思想政治理论课实践教学离不开一定的实践教学基地。高校思想政治理论课实践教学基地是指具备一定条件，能够为学生提供实践活动的相关场所、机构或组织。

（二）建立实践教学基地的必要性

实践教学基地是实践教学的一项重要基本建设，是教师开展实践教学和大学生开展实践活动的主要平台。建立实践教学基地是实践教学规范化的前提，是确保实践教学得以长期开展的基本条件；建立实践教学基地，更能够加强对实践教学的有效管理，提高实践教学的组织效率，保证实践教学的常规化、制度化。它对于大学生深化思想政治理论学习，认识和了解国情、社情、民情，初步掌握实践及社会调查的基本方法和技能，培养实践能力，增加社会经验，提高思想政治素质，增强思想政治理论课教学效果，都具有十分重要的意义。建立实践教学基地不仅能进一步挖掘社会资源，创造良好的社会环境，满足高校思想政治理论课的教学需求，还能充分挖掘高校的各种资源，支持实践教学基地的经济社会发展。

（三）建立实践教学基地的条件

第一，实践教学基地提供方必须是各级政府部门、依法成立的企事业单位或社会团体，并出具相关证明材料。

第二，实践教学基地要具有典型性和教育意义，要有利于学生的健康成长。从目前贵州省的情况来看，具有典型性和教育意义的场所、机构和组织比较多，有很多都能够作为实践教学基地来建立与建设，可以根据学校的实际情况进行选择。

第三，实践教学基地能够让学生开展实践活动，并保障实践团队的安全。

第四，实践教学基地具有良好的综合育人条件。基地的负责人重视对大学生的教育，具备社会责任心，有关心大学生成长的热情，愿意为学校的教育事业作出贡献，能在共同育人方面与学校达成共识。基地具备实践教学、进行思想教育的功能和条件。

高校思想政治理论课实践教学基地的选择不是随意的，而需具有较强的代表性和典型性。虽然高校思想政治理论课实践教学的空间较大，覆盖了整个社会，但是我们所生活的现实社会却不可能自发地成为实践教学的课堂，这就需要思想政治理论课教师对社会现存的各种教育资源合理地进行取舍，使得教育资源尽可能地具有典型性、代表性。一般来说，典型性是指实践教学基地可以是具有一定历史意义和现实意义的历史人物活动的场所或历史事件的发生地。代表性是指实践教学基地可以是一些反映特定的时代精神、在某一方面或某些方面具有明确教育意义、能够产生较好的教育效果的事件或人物。这些事件或人物，因为在现实性、历史性、先进性等方面具有十分重要的价值，能够较好地体现科学理论的实践指导作用，能够感染大学生、教育大学生，使大学生从内心深处受到触动并在实际情境中体验所学的课本的理论知识，使理论知识得到升华，使思想政治理论课的教学取得最佳效果。

（四）实践教学基地的类型

从总体上来看，高校思想政治理论课实践教学的基地主要包括两大类，即校内实践教学基地与校外实践教学基地。校内外实践教学基地，一方面能够为教师开展实践教学提供较多的选择余地，同时也能够为大学生提供较为充足的实践环境或场地，让大学生在潜移默化中受到教育和锻炼，从而避免"填鸭式"理论教学带来的不良教学效果。高校思想政治理论课实践教学基地的建设，既要着眼于校内实践教学基地的建立与完善，也要着眼于校外实践教学基地的建立与完善。

1. 建立与完善校内实践教学基地

校内实践教学基地的建议主要着眼于多部门齐抓共管，发挥校院（系）两级的领导、组织、协调和整合功能，形成德育合力，它有利于提高教师和学生的参与度，体现师生双向互动效果。换言之，校内实践教学基地的建立与完善需要校内各个部门之间紧密配合、校内各种教育得到充分利用，为当代大学生提供良好的德育环境与氛围。

2. 建立与完善校外实践教学基地

校外实践教学基地的建设主要着眼于充分利用社会实践教育资源，通过书本理论知识学习与社会实践活动相结合，培养大学生观察、思考、分析、解决理论问题和现实问题的能力。换言之，校外实践教学基地在建立和完善过程中应以利益互惠为原则，以促进地方经济社会发展和大学生健康成长为目标，积极、主动地选择一些农村乡镇或城市社区等具有良好的合作条件的单位，有针对性地构建符合实际需要的、多形式的高校思想政治理论课实践教学的基地。另外，随着教学改革的深入，在高校思想政治理论课实践教学基地的建设过程中，还可以采取学校与联系单位"共建"的模式。对于具备条件建立实践教学基地的场所、机构或组织，学校教务部门可以会同马克思主义学院（或思想政治理论课教学部）向愿意建立实践教学基地的实践接收单位提出意向，在协商的基础上，签订《实践教学基地协议书》，将其挂牌建立为实践教学基地。学校要主动与爱国主义教育基地、城市社区、企事业单位、农村乡镇、部队、社会服务机构等联系，本着合作共建、双向收益的原则，从地方经济社会发展和大学生成长的实际需要出发，建立建设多种形式的实践教学基地。

三、实践教学师资的保障

搞好高校思想政治理论课实践教学，首先需要有充足齐全的师资队伍。解决当前教育工作中存在的教育思想教学方法和教学质量问题，归根结底要大力加强师资队伍建设，提高教师素质。因此，要切实提高高校思想政治理论课实践教学水平，就必须加大培训，提高思想政治理论课教师指导实践教学的水平。

开展高校思想政治理论课实践教学，要求思想政治理论课教师不仅要有良好的思想政治素养、高尚的职业道德素养和高深的理论素养，而且要具备较强的组织能力、交往能力和社会实践能力，能有效地组织校内外各种实践教学活动，对实践教学的方法和规律有深刻的了解，并不断探索高校思想政治理论课实践教学的新方法和新思路。

要搞好大学生的思想政治理论课的实践活动，首先，要抓好思想政治理论课教师自身的实践活动。高校应通过对思想政治理论课教师进行培训(通过讲座或组织教师进行社会实践活动等方式)，引导思想政治理论课教师根据学科特点，从重理论灌输的教学观念转变为重理论联系实际、解决实际问题的教学观念；引导教师不仅要掌握丰富的感性认识和理性认识，而且还要掌握教学方法，尤其要掌握如何将理论和实践相结合的教学方法，让教师在学习理论的过程中，能够感受到社会发展实际，同时深化对理论的认识和认同；为思想政治理论课教师创造与实际接触的条件，使思想政治理论课教师走出校门，接触社会，更多地了解外部世界，了解社会主义现代化建设第一线的情况，以弥补自身的社会阅历和实践经验的不足。其次，要整合高校思想政治理论课实践教学的教师队伍。由于高校思想政治理论课实践教学涉及在校所有专业的大学生,所以仅仅依靠思想政治理论课教师开展实践教学活动十分困难。

因此,需要整合高校思想政治理论课实践教学的教师队伍,将各系、班学生辅导员和班主任纳入实践教学活动的组织过程中。另外,学校也可以聘请一些校外指导教师,让他们与校内指导教师一起具体指导思想政治理论课社会实践活动。只有这样,才能不断提高思想政治理论课教师指导实践教学的水平,才能确保高校思想政治理论课实践教学的顺利进行。

第五章 高校思想政治理论课实践报告的撰写规范及考核评价

第五章 高校思想政治理论课实践报告的撰写规范及考核评价

第一节 高校思想政治理论课实践报告的撰写规范

实践教学是提高大学生素质的重要环节，是大学生将所学知识应用于社会的重要过程。大学生开展实践活动以后，必须根据实践活动的实际情况撰写实践报告。实践报告是大学生实践成果的集中体现，教师主要依据大学生实践活动完成情况和实践报告的质量来评定成绩。实践报告撰写得如何，直接关系到大学生实践的效果和成绩的评定。因此，每个大学生必须十分重视实践报告的撰写。

一、实践报告的含义、特点和类型

（一）实践报告的含义

实践报告，顾名思义，是学生完成实践后的报告，它是学生用文字汇报实践过程、内容和结果的一种方式，是通过具体开展某一实践活动之后所撰写的真实地反映实践情况的书面报告。

实践报告的运用范围十分广泛，凡开展实践活动，解决各种实际问题，弄清事实真相，交流典型经验，总结经验，推动学习和工作等都离不开实践报告。

（二）实践报告的特点

1. 真实性

真实性是实践报告首要的、最大的特点。所谓真实性，就是尊重客观事实，用事实说话。这一特点要求实践人员必须树立严谨的科学态度、认真求实的精神，要真实地反映实践情况，彻底抛弃假大空的虚伪作风，不仅报喜，还要报忧，不仅要充分肯定实践活动成绩，还要准确反映实践活动中存在的问题。只有严谨的科学态度，才能写出真实可信的实践报告。

2. 针对性

针对性是实践报告所具有的第二个显著特点。一般来说，一项实践活动，特别是大型社会实践活动，要花费较多的人力和物力，不是随意组织进行的，而是针对一些较为迫切的实际情况，为解决某些实际问题而进行的。因此，在实践报告的撰写上，必须中心突出，针对所开展的实践活动，明确交代这一活动的具体情况、内容和结果，分析存在的问题及原因，提出具体可行的建议和对策。

3. 典型性

典型性是指在实践报告的撰写过程中所采用的事实材料要具有代表性，以及所揭示的问题带有普遍性，不能把无关紧要的或者与所开展的实践活动根本无关的事实材料写入实践报告。

4. 系统性和完整性

实践报告的系统性和完整性是指由实践活动所得出的结论，必须具有说服力，应把整个实践活动的情况完整、系统地交代清楚。不能只摆出结论,而遗漏事实的过程和重要的环节。因为这样的疏忽势必给人造成实践报告内容考虑不严密、根据不足的印象。这里所说的系统性和完整性,并不是要求在实践报告的写作过程中,事无巨细,面面俱到,而是要抓住事物的本质和主要方面,写出结论的推理过程。

总的来说,实践报告就是论证系统,逻辑严密,摆事实,讲道理,具有强烈的说服力,从而使之成为开展实践活动、进行实践教学的可靠依据。

(三)实践报告的类型

实践的内容和方式不同,所撰写的实践报告的类型也不同。总的来说,实践报告可以分为调查报告和实践总结报告两大类。

1. 调查报告

调查报告,顾名思义,是做完"社会调查"以后撰写的报告,即用文字把调查成果告诉读者,是根据调查研究的成果写出来的正确反映客观事物及其规律的书面报告。调查报告根据其内容性质可以分为以下六种。

(1)专题型调查报告

专题型调查报告,就是侧重对某个问题进行较深入的调查后形成的报告,这类报告一般常常在标题上反映出来。它能及时揭露现实生活中的矛盾,反映群众的意见和要求,研究亟须解决的具体的实际问题,并根据调查的结果提出处理意见,或者对策,或者建议。

(2)综合型调查报告

综合型调查报告是以综合调查众多的对象及其基本情况为内容,作全面系统的调查和反映的报告。它具有全面、系统、深入和篇幅较长的特点。综合型调查报告与专题型调查报告的主要区别就在于它的综合性上。它使读者可以从报告中看到事物的相对完整的"鸟瞰图"。

（3）理论研究型调查报告

理论研究型调查报告是以学术研究为目的而撰写的报告。它以搜集、分类、整理资料并提出问题、报告结论为特点，大多发表在学术刊物上，或载于学术著作中。

（4）实际建议型调查报告

实际建议型调查报告是由于实际工作需要而写的调查报告，其主要内容是为预测、决策、制定政策、处理问题等进行调查所获得的材料及有关的建议。

（5）历史情况型调查报告

历史情况型调查报告是根据需要以历史情况为对象进行调查而形成的调查报告。它可以供人们了解某一事物或问题的历史资料和历史真相。

（6）现实情况型调查报告

现实情况型调查报告是以正在发生、发展的一些现实生活为对象进行调查后所形成的调查报告。人们可以通过它了解和认识某些事物和问题的客观现实情况，以作为其他认识活动的依据或参考。

另外，有些调查报告可以是以上几种类型的结合形式。

在众多的实践方式中，社会调查完成以后适合撰写调查报告。但对于大学生来说，即使是社会调查，也以撰写总结性的调查报告为宜，即主要总结社会调查的过程、方法、内容、心得体会等。

2. 实践总结报告

实践总结报告是对实践中涌现出的具有普遍指导意义的典型事件、典型经验进行总结而撰写的实践报告。其特点是把实践过、感觉过、理解了的客观事物上升到理性认识,然后用以指导实践。

包括参观考察、社会调查、"三下乡"活动、"四进社区"活动、青年志愿者服务、生产劳动、勤工助学、科技发明、见习活动等在内的所有实践方式,都适用于撰写实践总结报告。

对于实践教学来说,无论撰写的是调查报告还是实践总结报告,都可以统称为实践报告,其结构、撰写方法、格式都大体相似。

二、实践报告的结构

要撰写实践报告,首先必须熟悉实践报告的结构。一般来说,一份完整的实践报告应由以下几个部分组成。

(一)标题

1. 含义

所谓标题,就是标明著作及其篇章的题目,或者说标题是标明文章、作品等内容的简短语句。顾名思义,实践报告的标题就是实践报告的题目。

标题是实践报告的眉目,它从不同的侧面体现实践报告者的写作意图、实践报告的主旨。人们常说:读书读皮,看报看题。标题应先声夺人。由此可见,确定一个好的实践报告标题非常重要。

2. 分类

各类文章、报告的标题样式繁多,但无论是何种形式,一定要体现作者的写作意图、文章的主旨。实践报告的标题可以分为单标题和双标题两类。所谓单标题,就是只有一个标题;双标题就是两个标题,即一个主标题和一个副标题。

主标题也叫总标题,是文章总体内容的体现。常见的写法有两种。一种是公文式标题。这种形式的标题,高度概括全文内容,往往就是文章的中心论点。它具有高度的明确性,便于读者把握实践报告全文内容的核心,如《关于×××的实践报告》。另一种是观点式标题。这种形式的标题没有全文内容的限定,可伸可缩,具有很大的灵活性。实践报告对象是具体的,面较窄,但引申的内容又必须有很强的概括性,面较宽。这种从小处着眼、大处着手的标题,有利于实践报告内容的拓展,如《社会是大课堂,实践长真知识》。

副标题是对主标题的补充。为了点明实践的方式、目的、对象、内容,对总标题加以补充、解说,有的实践报告还可以加副标题。另外,为了强调实践报告的某个侧重面,也可以加副标题。

3. 标题格式

实践报告的标题格式可以有两种写法。一种是规定的单标题格式,即"发文主题"加"文种",如《关于在×××村开展实践活动的报告》《××关于××××的实践报告》《关于××××的实践报告》《××××实践》等。另一种是主副标题结合式,主标题陈述实践报告的主要结论或提出中心问题,副标题标明调查的对象、范围、问题。这实际上类似于"发文主题"加"文种"的规范格式,如《社会是大课堂,实践长真知识——××××实践报告》等。

4. 确定方法

(1) 从实践活动收集的材料中选择进入标题的内容

开展实践活动以后,学生收集到了许多材料,在众多的材料中,学生可以选择最新鲜、最重要、最有特点的事实或观点进入标题,但标题选择的事实与观点必须与材料内容的本质一致。

(2) 表明自己的立场态度和感情色彩

学生在确定实践报告标题时,应该表明自己的立场态度和感情色彩。通过对标题的确定来表达自己的思想感情,要注意把握读者心理,从读者的角度传情达意,而且在感情的表达上要注意把握好"度"、要含蓄。

(3) 确定标题的结构与表现手法

要根据实践材料的内容和实践报告的意图确定标题的长短和结构,在标题的表现手法上要化虚为实、化静为动,运用修辞手法使标题更加生动。

(4) 锤炼标题的文字

压缩与概括标题中可有可无的内容,删去标题中可有可无的词和字,改变叙述方式使标题简洁,适当用简称使标题简洁。

5. 确定标题的要求

如何才能确定一个具有吸引力的实践报告标题呢?

一个好的标题,概括起来有三点要求。

(1) 明确

标题要能够揭示实践活动的主题或范围,使人看了标题便知晓实践报告的大体轮廓、所阐述的主要内容以及作者的写作意图,不能似是而非、藏头露尾,与读者捉迷藏。

(2) 简练

标题应该用简短、明确的文字写成。通过标题把实践活动的内容、特点概括出来。标题不宜过长,否则容易使人产生烦琐和累赘的感觉,得不到鲜明的印象,从而影响对实践报告的总体评价。标题的字数一般不宜超过20个字,如果有些细节必须放进标题,为避免冗长,可以设副标题。标题也不能过于抽象、空洞，不能采用非常用或生造的词汇，以免使读者一见标题就如堕烟海，百思不得其解，待看完全文后才知标题取得哗众取宠。

（3）新颖

标题和实践报告的内容、形式一样，应有自己的独特之处，做到既不标新立异，又不落窠臼，使之引人入胜、赏心悦目，从而激起读者的阅读兴趣。

（二）正文

实践报告的正文一般分前言、主体、结尾三部分。

1. 前言

（1）含义

前言又称导语或引言。它简洁明了地介绍有关实践的情况，或提出实践报告全文的引子，为正文主体写作做好铺垫。

（2）分类

常见的前言有三种类型。一是简介式前言，对实践的起因或目的、方式、时间、地点、人物等作简明的介绍。二是概括式前言，对实践报告的内容（包括方式、结果和分析的结论等）作概括的说明。三是交代式前言，对实践活动产生的由来作简明的介绍和说明。

（3）撰写要求

前言起到画龙点睛的作用，要精练概括，直切主题。实践报告的前言最好写出实践参加者、实践方式、实践主题、实践时间、实践地点、相关人物等，然后用"现将此次实践活动的有关情况报告于下"从而过渡到正文主体。例如：

××××年××月××日，××××组织全校××××级

各专业××名学生、××名教师到××省××市××县××镇××村开展下乡义务支教实践活动,我作为××专业××××级学生,有幸参加了本次实践活动。现将本次实践活动的有关情况报告于下:

…………

2. 主体

(1) 含义

主体是实践报告的重要部分,是决定实践报告质量高低与成败的关键。它详述实践的基本情况、过程、做法、内容、经验,以及通过实践得出的具体认识、感受,存在的问题等。

主体要紧承前言。前言确立了主题,提出了问题,主体则要紧扣住主题,井然有序地回答前言提出的问题。主体可以分几个大的部分与层次作出合乎事物发展逻辑的安排。主体要通过实践的基本情况、做法的具体介绍,展开主题,揭示实质。它对实践过程、内容进行详细叙述,对存在的问题及原因作出分析、综合、归纳,对实践结果和结论进行说明。

(2) 结构

实践报告正文主体的结构有不同的框架。

① 根据逻辑关系安排材料的框架。

纵式结构,也叫层进式结构,是按照实践活动开展的时间顺序或按照实践活动进行的过程来撰写。这种结构线索单一,内容集中,前后贯通,形成一条由浅入深、由始及末、由提出问题到解决问题的主题线索。

横式结构,也叫并列式结构,是在实践活动完成以后,按实践活动获得的材料,从几个方面并列地展开,说明主题。这种结构比较全面、完整,便于从多方面、多侧面表达主题。

纵横式结构,是层进与并列两种结构形式在一篇里并用,大多数是就全篇总体而言是层进式,而主体的某个重要部分则采用并列式。

这三种结构,以纵横式结构常为人们采用。

② 按照内容表达的层次组成的框架。

"情况—成果—问题—建议"式结构,多用于反映基本情况的实践报告。

"成果—具体做法—经验"式结构,多用于介绍经验的实践报告。

"问题—原因—意见或建议"式结构,多用于揭露问题的实践报告。

"事件过程—事件性质结论—处理意见"式结构,多用于揭示案件是非的实践报告。

(3) 撰写要求

撰写实践报告主体,必须注意以下要求。

① 用简单、朴实的语言写作。行文要开门见山、平铺直叙,不拐弯抹角。尽可能用简单明快的字句表达丰富的内容。无论是描述事物现状,还是论证研究结论,都应尽量使用通俗易懂的语言。

② 叙述事实力求客观、准确,应避免使用主观或感情色彩较浓的语句。力求叙述事实真实可靠,引用数据准确无误。

③ 撰写实践报告,既要有篇的观念,也要有段的观念。一份实践报告固然是一个整体,但篇中的段落也应具有一定的独立性,且段的长度要适中,既不冗长,也不零散。段落过长,容易使人在阅读时产生沉闷感、疲劳感,而且往往是把几件事混到了一起;段落过短,

则容易给人一种跳跃的感觉，使报告缺少沉淀感，而且往往是把一件事拆开了写。

根据经验教训，撰写实践报告主体最好包括以下三个部分。

① 实践项目的基本情况。这部分应包括实践方式、目的、意义、相关背景、实践地或单位的介绍等。

② 实践过程及内容。这部分应详细介绍实践的基本情况、经过、手段、方法、做法、具体内容、解决的问题等。

③ 实践的心得体会。这部分应包括实践的收获（实践取得的成绩），实践的感受（实践对自己的思想有什么提高、对自己以后工作有什么帮助、对自己学习专业知识和思想政治理论课有什么启示），实践存在的问题和建议等。学生应该着重写自己对实践的认识，特别要写出自己的体会，思考后的理性认识，对组织实践活动评价（心得体会必须详细）。

例如，以下是一份实践报告主体的参考提纲：

一、在×××村开展实践活动的基本情况

（一）在×××村开展实践活动的目的、意义

…………

（二）在×××村开展实践活动的准备情况

…………

（三）×××村情况介绍

…………

二、在×××村开展实践活动的过程及内容

（一）到达×××村的经过

…………

（二）在×××村参观考察
…………

（三）在×××村生产劳动
…………

（四）在×××村调研访谈
…………

三、在×××村开展实践活动的心得体会

（一）在×××村开展实践活动的收获
…………

（二）在×××村开展实践活动的感受
…………

（三）在×××村开展实践活动存在的问题和建议
…………

3. 结尾

实践报告的结尾部分要真正起到收束全文的作用，既不要草率收篇，不当止却止，也不要画蛇添足，当止而不止。

实践报告的结尾的写法比较多，可以提出解决问题的方法、对策或下一步改进工作的建议；或总结报告全文的主要观点，进一步深化主题；或提出问题，引发人们的进一步思考；或展望前景，发出鼓舞和号召；或写出作者对此次活动的意见、批评或者建议。

（三）落款

实践报告的落款要写明实践单位名称、个人姓名、完稿时间与地点。如：××年级××××专业××班×××，××××年××月××日。

（四）附录

除了以上这些内容外，实践报告的最后还应附上附录。对于某些不宜放在正文中，但又具有参考价值的内容可以编入实践报告的附录中，如参考文献、实践活动计划或方案、访谈提纲、访谈记录、小组活动记录、实践活动照片、实践有关证明材料等。

应该注意的是，撰写实践报告时可以按以上几部分构思，但行文时不能写上"前言""正文""结尾""落款"等字样，而要写标题，如"××基本情况""××实践经过""××实践内容""××主要体会""关于××的几点思考""××问题和建议"等。

三、实践报告的撰写程序

一般来说，实践报告的撰写要经过以下五个程序，即：确定主题、选择材料、拟定提纲、撰写初稿、修改定稿。

（一）确定主题

主题是实践报告的宗旨和灵魂，是实践者通过实践在报告中需要说明的事物、阐述的道理，集中反映实践所表现出来的基本思想。主题是否明确，是否有价值，是否能引起人们的重视，对实践报告写作的成败具有决定性的意义。因此，精心地确定和提炼主题，是写好实践报告的关键。一篇实践报告的材料如何取舍，结构如何安排，语言如何表达，标题如何拟定……都要根据表现主题的需要来加以确定。

确定实践报告的主题，要注意以下两点。

1. 考虑主题的三个因素

确立主题要考虑三个因素，即实践的最初目的、实践中获得的实际材料和现实生活中需要回答的问题。确立主题的过程，也就是认识矛盾的过程，揭示事物本质的过程。一般来说，实践报告的主题应该是在实践开始时就可以确立的，因为实践的主题和实践报告的主题往往是一致的。

2. 主题必须正确、新颖、鲜明、集中

所谓正确，是指主题要如实地反映客观事物的本质和规律，要对人们的实践起指导作用，对社会的发展起促进作用；能够揭示实践的真实情况，表达实践者的看法和观点，具有积极的社会意义。

新颖是指主题要有新意。实践报告应在前人的基础上有所发现、有所前进，在别人尚未开垦的地方去耕耘，去挖掘别人尚未深入研究的东西。在撰写报告前，要对本课题的有关研究资料进行广泛的阅览，总结前人的经验，记载前人的有关观点和发现，通过有关资料的调查对比，找到新的突破口。

鲜明是指主题"立意"要十分明确，立场、观点以及对事物的看法要使人一目了然，在一些重大的、涉及原则性的问题上，赞成什么、反对什么要有鲜明的态度，爱憎分明，否则主题就会像雾里看花，模糊不清。

集中是指主题重点要突出，目的要明确，内容要凝练，要小而实，围绕一个中心说深、说透，不要多中心、大而空，企图贪大求全，这也想写，那也想写，结果就会像"蜻蜓点水"什么也说不清，也就不能给人留下什么深刻的印象。决不能把与实践报告主题无关的资料强塞进去，冲淡主题，失去中心。在选择主题时，应注意使内容与实践的目的、范围相一致，这样就有利于主题的集中。

（二）选择材料

主题确立以后，就要围绕主题对实践所取得的材料进行必要的选择,从而达到去伪存真、去粗取精、由此及彼、由表及里,用最有力的材料来论证主题、表现主题。材料的选择是撰写实践报告的重要一环,只有对实践材料进行合理的剪裁,用材料说明观点,用观点统帅材料,才能写出有血有肉、有声有色的实践报告来。

对于经过统计分析与理论分析所得到的系统的材料,在组织实践报告时仍需精心选择,不可能也不必都写进报告,要注意取舍。要从大量实践材料中挑选出最能充分表现主题的材料,力求避免不加选择、不分主次的材料堆砌。

1. 所选材料的分类

(1) 典型材料

典型材料是指具有代表性的材料。一个好的典型材料,往往具有深刻的含义和巨大的说服力,但前提是典型材料必须是真实的和具体的。

(2) 综合材料

综合材料用来说明事物总体的概貌。在使用时,还要注意处理好综合材料与典型材料的关系,把二者有机结合起来,这样才能充分说明事物总体的情况。

(3) 对比材料

对比材料是一组有可比性的材料,例如,历史与现实的对比,成败对比,新旧对比,好坏对比,先进与落后的对比等。通过比较才能鉴别,使实践报告主题更加突出,给人以更强烈和更深刻的印象。

(4) 排比材料

用若干不同的材料,从不同角度、不同侧面说明观点,可以使观点更深刻、更有力。

（5）统计材料

统计材料具有很强的概括力和表现力，有的问题和观点用很多叙述也难以表达清楚，而用一个数字、一个百分点，就可以使事物的总体面貌一目了然。恰当地运用统计材料，可以增强实践报告的科学性、准确性和说服力。

2. 选择材料的原则和方法

第一，要有针对性地选择材料，围绕主题从实践材料中寻找与主题有相关因素的材料，针对性地进行选择。尤其是在材料很多时，只选取其中最能反映本质规律的材料，把那些与主题无关的、次要的、非本质的、琐碎的材料剔除掉，选出能够真正反映事物本质的、主要特征的典型材料。

第二，要注意材料的多样性，选择现实的材料、历史的材料、正面的材料、反面的材料、文字的材料、数字的材料，用各种不同的材料，来反映客观实际。

第三，要注意材料的新颖性，选择能表现时代生活气息的材料，包括新鲜的观念、事物，或别人没有使用过的材料。切忌运用别人已经使用过的材料，如非用不可，一定要注意改换角度，或者巧妙地与现实相结合，使材料富于新意，变成新材料，让读者感到新鲜、有吸引力。另外，还要注意对材料进行认真检验，舍弃那些不符合实际的材料，认清材料的性质，判断材料的真伪，评估材料的意义，掂量材料的作用等。要本着实事求是的态度，不要凭个人好恶去决定取舍，也不要因某个权威的意见决定取舍。

（三）拟定提纲

这是实践报告构思中的一个关键环节。提纲是实践报告的基本构架或骨架。有了提纲可使实践报告通篇一致,首尾贯通,重点突出。拟定提纲的过程实际上就是把实践的各种材料进一步分类、构架的过程。构架的原则是:围绕主题,层层逼近,环环相扣。提纲的特点是它的内在逻辑性,要求必须纲目清楚,层次分明。

实践报告的提纲有两种:一种是观点式提纲,即将实践者在实践中形成的观点按逻辑关系一一地列写出来;另一种是条目式提纲,即按层次意义表达上的章、节、目,逐一地一条条地写成提纲。也可以将这两种提纲结合起来制作提纲。

在拟定提纲时要注意以下几个问题。

(1)中心要明确。一篇实践报告的中心,乃至各部分的中心,各段落、各层次的中心,都应该是清清楚楚。

(2)要精选材料,组织论据,严密论证。把精选的材料统一到论证的观点上来,有理有据、层次分明、逐步深刻地对中心论点以及分论点进行科学的严密论证,才能使实践报告条理清晰,说服力强。

(3)要注意实践报告的结构形式。实践报告的结构也有比较固定的格式,前面已做介绍,在具体拟定提纲的过程中,可以参照这一格式,结合自己编撰的要求和特点进行即可。

(4)要居高临下,统筹全局,考虑每一部分所占的地位和所起的作用,考虑各部分之间的逻辑联系。

(四)撰写初稿

当材料选好、提纲拟定之后,就可动笔撰写实践报告了。要根据已经确定的主题、选好的材料和写作提纲,有条不紊地行文,一气呵成,不能写写停停,以免打乱思路。在写作过程中,要从实际需要出发选用语言,灵活地划分段落。

在行文时要注意以下三个问题。

第一，结构合理。一篇实践报告应包括标题、前言、主体、结尾、落款、附录等。

第二，实践报告文字规范，具有可读性和审美性。

第三，注意数字、图表、专业名词术语的使用，做到深入浅出，语言准确、简洁、朴实、生动。

准确是指在行文时，陈述事实要真实、可靠，语言要客观、科学、不加任何虚饰，不掺杂作者个人的见解以避免事实走样。引用数字，要准确无误。议论要"缘事而发"，把握分寸，决不可任意拔高或贬低。

简洁是指行文要开门见山，不拐弯抹角，用尽可能少的文字，表达尽可能多的内容。对事实的叙述，不做过多的描绘，对观点的阐释，不做烦琐的论证。坚决删去一切可要可不要的字、句和段落。

朴实是指表达情意要通俗易懂，避免语意模糊和咬文嚼字，要尽量少用或不用生僻术语和华而不实的辞藻，不随便运用夸张的手法和奇特的比喻。

生动是指行文要活泼、形象。必要时恰当地引用一些名言警句和通俗的比喻都是不错的选择。它既可以省去作者搜索枯肠地提炼语言，又可以作为实践报告观点的有力佐证。

（五）修改定稿

一篇好的实践报告多是精心修改的结果。初稿写好以后，要认真修改。主要是对实践报告的主题、材料、结构、语言文字和标点符号等进行检查，加以增、删、改、调。在完成这些工作之后，才能定稿、排版、打印、装订，最后提交给任课教师。

四、实践报告撰写的注意事项

一般而言,要想写出一篇优秀的实践报告,必须做到以下几点。

(一)要掌握大量的第一手材料

实践者要深入实地,了解调查对象各方面的材料,包括正面的、反面的,直接的、间接的,历史的、现实的,弄清它的来龙去脉,为分析研究提供大量、可靠的事实依据。

(二)要认真分析与研究

对掌握的大量材料作去粗取精、去伪存真、由此及彼、由表及里的处理,要透过表面现象看到事物的真面目,抓住它的本质,从而得出正确的判断和结论。

(三)要选用切实、可靠的材料说明观点

实践报告所揭示的结论,必须通过对具体情况、具体事实做客观的叙述和分析自然地得出。要善于用精确、充足的材料来说明观点。不能脱离材料大发议论,也不能只罗列一大堆材料而不提出明确的观点和结论。

(四)语言要准确、简练、平实、生动

社会实践报告可以叙述为主,也可以议论为主,或者叙述和议论兼有,能真实客观地反映事物的原貌。在语言风格上,虽然讲究辞章,但应以准确、简练、平实、生动为本,一般不用或较少使用比喻、夸张、含蓄等修辞方式,也不使用华丽的辞藻,避免一切浮词虚言等表达方式。

实践报告的语言提炼是非常重要的,值得下功夫去研究。语言表达得好,犹如锦上添花,就会吸引更多的读者;表达得不好,就会功

亏一篑，甚至会影响实践报告社会作用的充分发挥。关于实践报告的语言，还应注意以下几个问题。一是不能用散文语言，那样就显得不伦不类。二是文风要正，不能把一些生僻难懂的词句和术语硬塞进报告中，结果会使读者望而生畏。三是要少用"我认为""我的意见"等第一人称写法，那样会使读者感到作者不是根据事实说话，仅仅是个人的想法。一般应以第三人称或被动语态为宜，如"调查结果表明""事实使作者不能不认为"等。四是要依据事实下断语，不要用一些似是而非的词，如"也许""可能"等，用词应干脆明白、准确适当。

第二节　高校思想政治理论课实践报告的考核评价

课程的考核是确定课程与教学计划实际达到教育目标程度的过程。为确保实践教学效果，在开展实践教学后，要对学生进行认真的考核。在考核中，应关注学生在实践教学过程中的真实表现、体验与感悟。凡涉及学生的态度、价值观、认知的变化，都应该是考核的重要内容。学生的实践报告是考核学生发展状况和水平的综合性依据。

一、考核方式

实践教学应由承担本课程的马克思主义学院（或思想政治理论课教学部）负责组织考核。考核必须做到真实、公正，既要注重结果，又要注重对学生在实践教学过程中表现出来的理想、信念、智慧、能力等做出综合评价。由于实践教学是一门特殊的课程，要求先开展或参加实践活动，然后依据实践活动撰写实践报告。因此，对其考核既要关注学生的实践结果，又要注重学生的实践过程，要将两者结合起来进行综合考核。

对学生实践过程的考核，主要是根据学生参加实践的情况来考核，即考核学生是否亲自组织、开展或参加了实践活动，以及学生在实践过程中的学习态度、参与程度、创新精神和实践能力。如果学生根本没有参加实践活动，则本课程成绩不及格；即使学生组织、开展或参加了实践活动，但由于在实践过程中，学习态度不端正，学习不认真，不积极参与实践活动，违反了实践纪律等，本课程成绩也不能达到及格标准。

对学生实践结果的考核，主要是任课教师以学生撰写的实践报告为依据，对实践报告的质量和社会应用价值以及学生理论联系实际、解决实际问题的能力等进行考核。

通过对学生实践过程和实践结果的综合考核，最终评定本课程的成绩。

二、成绩评定标准

学生开展实践活动、撰写实践报告并将实践报告提交给任课教师以后，由马克思主义学院（或思想政治理论课教学部）组织任课教师批改、评阅实践报告，评定和录入学生成绩。

根据实践教学的特点，实践教学成绩评定分为优秀、良好、中等、及格、不及格5个等级，记入学生成绩档案，获及格以上成绩者本课程为合格，本科学生计2学分，专科学生计1学分。

1. 优秀评定标准

第一，学生参加实践活动，出色地完成了实践任务。

第二，在实践过程中，态度端正，按时出勤，认真学习，积极参与实践活动,严格遵守实践纪律、无违纪现象。

第三,撰写的实践报告与自己的实践内容紧密结合,过程详细,材料全面、客观、准确、具体,内容真实可信,结论正确,建议切实可行、有自己的观点和视角,主题鲜明,论据充分,分析深入透彻、有较强的说服力,结构严谨、层次清晰、逻辑性强,文字表达准确,行文流畅、生动。

第四,严格规范地按照相关要求撰写、排版、打印、装订实践报告。

2. 良好评定标准

第一,学生参加实践活动,较好地完成实践任务。

第二,在实践过程中,态度端正,按时出勤,严格遵守实践纪律、无违纪现象。

第三,结合实际撰写实践报告,有自己的观点,语言较流畅;结论合理,建议可行。

第四,实践报告字数符合要求、格式较规范。

3. 中等评定标准

第一,学生参加实践活动,能较好地完成实践任务。

第二,在实践过程中,态度比较端正,出勤比较按时,遵守实践纪律,无违纪现象。

第三,能结合自己的实践内容撰写实践报告,结论基本正确,建议主要方面可行,但分析欠深入,结构欠合理、逻辑性不强,文字表达能力不强,语言欠流畅。

第四,实践报告字数基本符合要求,但格式欠规范。

4. 及格评定标准

第一,学生参与实践,完成了实践任务。

第二，在实践过程中，态度基本端正，出勤基本按时，基本遵守实践纪律，无违纪现象。

第三，没有结合自己的实践来开展研究，撰写的实践报告纯属理论性文章，没有自己的观点，论据不充分，论述说服力不强，结构有缺陷，文字表达能力弱。

第四，实践报告格式欠规范。

5. 不及格评定标准

第一，学生没有参与实践，没有完成实践任务。

第二，在实践过程中，学习态度不端正，学习不认真，未能按时出勤，不积极参与实践活动，违反实践纪律。

第三，提交的实践报告明显脱离实践活动的内容，且有明显拼凑、雷同、提供虚假信息、从网络及报刊上抄袭痕迹等现象。

第四，实践报告字数、格式不符合要求。

实践教学成绩不及格者要按照规定重修并重新撰写实践报告。重修后撰写的实践报告，符合要求的，其成绩只能获及格标准。

附录 1 贵州医科大学思想政治理论课实践教学发展概况

我校于2008年3月率先在2006级开设"毛泽东思想、邓小平理论和'三个代表'重要思想概论社会实践"课（2009年更名为"毛泽东思想和中国特色社会主义理论体系概论社会实践"课，2018年更名为"思想政治理论课实践教学"）。之后，学校相继在遵义会议纪念馆、息烽集中营革命历史纪念馆、贵州省安顺市平坝区夏云镇桥上村、贵州省安顺市平坝区高峰镇大狗场村等地建立了实践教学基地。2013年起，我校在贵安新区党武街道党武村摆贡寨建立了"摆贡寨社会实践基地"。2023年，根据《教育部办公厅关于组织开展高校"大思政课"实践教学基地结对行动的通知》（教社科厅函〔2023〕26号），我校与重庆医科大学"大思政课"实践教学基地签订了结对协议。

从2008年3月起，我校先后组织学生到省内的遵义会议纪念馆、息烽集中营革命历史纪念馆、安顺市平坝区夏云镇桥上村、安顺市平坝区高峰镇大狗场村、贵安新区党武乡党武村摆贡寨、贵阳市南明区永乐乡、贵阳市花溪区高坡乡、安顺市平坝区黄土桥村、安顺市关岭县顶云乡、安顺市平坝区十字乡十字村、安顺市平坝区白云镇白云村、安顺市平坝区白云镇邢江村、安顺市平坝区白云镇忠芳茶场、安顺市平坝区十字乡大院村生态中药材种植基地、安顺市平坝区贵安高山云雾茶场、安顺市平坝区飞虎山生态农业观光园、安顺市平坝区小河湾村、安顺市平坝区乐平镇塘约村、贵州信邦制药股份有限公司等社会实践基地和社会实践场所开展了一系列集中实践活动。

（一）遵义会议纪念馆

遵义会议纪念馆位于遵义市老城子尹路（原名琵琶桥）东侧，原为国民党军第25军第二师师长柏辉章的私人官邸，建于20世纪30年代初。遵义会议是1935年1月中共中央政治局在遵义召开的独立自主地解决中国革命问题的一次极其重要的扩大会议。它是中国革命的转折点，标志着中国共产党在政治上开始走向成熟。遵义会议纪念馆于1953年筹建，1955年对外开放，2011年成为我校的实践教学基地。

（二）息烽集中营革命历史纪念馆

息烽集中营革命历史纪念馆位于贵阳市息烽县永靖镇阳朗村，原旧址是抗战期间国民党设立的关押中国共产党人和爱国进步人士的最大秘密监狱，与重庆的白公馆、渣滓洞集中营和江西的上饶集中营并称为抗战期间国民党设立的四大集中营。息烽集中营革命历史纪念馆于1988年被国务院列为全国重点文物保护单位，1997年被辟为息烽集中营革命历史纪念馆正式对外开放，2011年成为我校的实践教学基地。

（三）桥上村

安顺市平坝区夏云镇桥上村位于夏云镇西面，距镇政府所在地1

千米，东接阿腰村，西接城关镇城垣村，南接江西村，北接界首村，贵黄公路顺村而过，交通十分便利。近年来，桥上村大力发展生态渔业，为城镇居民提供休闲垂钓、旅游观光，成为当地社会主义新农村建设的示范点。2011年，桥上村成为我校的实践教学基地。

（四）大狗场村

安顺市平坝区高峰镇大狗场村地处平坝东南部，距省会城市贵阳45千米，贵昆铁路、滇黔公路穿境而过，交通十分便利。高峰镇属于丘陵地带，地形高差相近，群山环抱，地貌以溶盆残丘坡地为主，有丘陵、山地、盆地和水域。2011年，大狗场村成为我校的实践教学基地。

（五）摆贡寨

贵安新区党武乡党武村摆贡寨位于党武乡集镇西南部，于南环线与花溪区国宾大道互通匝道旁，距党武乡镇所在地3.5千米，毗邻大学城和我校新校区，交通极其方便。2009年3月，摆贡寨被列为社会主义新农村建设示范点。2011年，我校获得"中央财政支持地方高校发展专项资金子项目：贵州省医学人才综合能力学习实践基地建设"，其中"医学人文素质实践中心"由贵州医科大学马克思主义学院承担建立，该中心主要由"摆贡寨社会实践基地"和"医学人文社会科学资源平台"组成。2013年起，经过马克思主义学院多次调研和开展相关工作，我校在摆贡寨建立了"摆贡寨社会实践基地"。

（六）永乐乡

贵阳市南明区永乐乡，位于南明区东北部，东南与小碧布依族苗族乡、黔南布依族苗族自治州龙里县交界，西南与云关乡和龙洞堡街道相连，西北与乌当区东风镇相邻。为打造乡村旅游品牌，从2000

年起,永乐乡利用桃园和蔬菜基地、民间文化和民俗风情等资源优势,每年都要举办"桃花艺术节""桃园文化节""莲藕风情节"等活动。如今,"永乐艳红桃"已经成为远近闻名的品牌,每到桃子成熟时,大量的城里人前往永乐乡的桃园买桃、观光,果农一半以上的桃子在桃园就被销售出去。

(七)高坡乡

贵阳市花溪区高坡乡位于贵阳市东南端,距贵阳市51千米,距花溪区政府所在地31千米,地处花溪与龙里、惠水三县(区)交界处,总面积120平方千米。全乡平均海拔1500米,境内最高处皇帝坡海拔1712.1米,也是贵阳市最高处,属典型的高寒山区。

(八)黄土桥村

贵州省安顺市平坝区黄土桥村位于平坝县城西南部,属羊昌乡管辖行政村。黄土桥村于2006年3月被贵州省建设厅列为村庄整治的社会主义新农村建设试点。经过几年的奋斗,黄土桥村社会主义新农村建设取得了丰硕的成果。2007年1月28日,国家副主席曾庆红视察了黄土桥村,并做了重要指示。

(九)顶云乡

贵州省安顺市关岭布依族苗族自治县顶云乡位于县城西南的320国道上。全乡交通便利,320国道、G60沪昆高速公路、镇胜高速公路和沪昆高速铁路穿境而过。1976年春,顶云乡石板井村陶家寨生产队率先将集体的土地包产到户,实行家庭联产承包责任制。1978年11月11日,《贵州日报》刊发了顶云公社的实践经验。就在《贵州日报》刊发"顶云经验"之后的13天,安徽省凤阳县小岗村的18位农民写下了他们的保证书,闯开了"包产到户"的禁地。顶云乡与安徽凤阳并称为"南顶云，北凤阳"，成为推动中国农村改革的标杆和中国改革开放的一面旗帜。

（十）十字乡

贵州省安顺市平坝区十字乡，位于平坝城北面，总面积109.87平方千米，辖21个行政村，是一个以回族苗族为主体、多民族杂居的民族乡。十字乡十字村位于乡政府所在地，全村主要以烤烟、水稻等种植业为主。另外，十字乡大院村建立了生态中药材种植基地，主要种植油牡丹、党参、半夏、白及等中药材。

（十一）白云镇

贵州省安顺市平坝区白云镇位于平坝区城西南面，周围与平坝区的天龙镇、羊昌乡相邻，西秀区的黄腊乡、刘官乡、大西桥镇接壤。其中，白云镇白云村位于平坝区南部，下辖5个自然村，行政区面积2.86平方千米，环境优美，气候宜人。白云镇邢江村位于平坝区西南部美丽的邢江河畔，与西秀区黄腊乡毗邻，东抵羊昌乡本寨村，南与黄腊乡五星村相邻，西与浪塘村接壤，北接小河村，距平坝城15千米、镇政府所在地8千米，主要以粮食种植业和养殖业为主。白云忠芳茶场位于白云镇郝下村，交通便利，茶叶种植园达2000多亩。

（十二）高山云雾茶场

安顺市平坝区高山云雾茶场位于乐平镇，茶场的茶叶生长在海拔1000～1500米之间的云雾山中。云雾山四季无高温，适合产出优质茶叶。当地政府高度重视茶产业培育，成功推出了"贵安茶"等多个知名茶叶品牌。2016年4月24日，我校组织师生到该地开展社会实践活动，高山云雾茶场负责人及有关技术人员带领全体师生参观了茶叶种植园和茶叶生产车间，讲解了茶叶的采摘方法及生产、制作、加工流程。在茶场技术人员的示范、指导和组织下,师生们纷纷来到茶叶种植园,参加了采摘茶叶的生产劳动。第一次采摘茶叶的师生们显得有些手忙脚乱,但是通过技术人员的指导,师生们渐渐掌握了技术要领,并以饱满的热情投入劳动中。

(十三)飞虎山生态农业观光园

飞虎山生态农业观光园位于安顺市平坝区白云镇林下村上坝,于2015年6月共同发起成立,注册资金1000万元,是一家集有机、绿色农产品种植、特色养殖、有机食品加工销售于一体的高端农业专业合作社。2017年4月23日和2018年6月3日,我校两次组织师生到该地开展社会实践活动,大家参观了园区的基本风貌,在专业技术人员示范、指导和组织下参加了金盏菊的采摘和除草等生产劳动,对当地发展、收入、教育、医疗、新农村建设等情况进行了调研访谈。

(十四)小河湾村

小河湾村位于安顺市平坝区夏云镇,距贵安新区24千米,全村共2个自然村寨、8个村民小组。该村是安顺市2015年"四在农家·美丽乡村"创建示范点和平坝区2015年"四在农家·美丽乡村"创建观摩点。2017年6月4日,我校组织师生到小河湾村开展社会实践活动,大家参观了小河湾村的基本风貌,参加了拔秧和插秧等生产劳动,展开了入户调研及访谈。

(十五)塘约村

塘约村位于安顺市平坝区西部的乐平镇境内,距平坝城区12千米,距沪昆高速天龙收费站5千米,交通便利,区位优越。该村群山环绕,生态完好,资源丰富,森林覆盖率达70%以上。2017年11月,塘约村获评第五届全国文明村镇，是首批全国农村社区建设示范单位。2018年4月22日，我校组织师生到塘约村开展了实践活动。

（十六）贵州信邦制药股份有限公司

贵州信邦制药股份有限公司总部位于贵州省贵阳市白云经济开发区，是一家以制药为主，集中药材种植、新药研发、药品生产、药品销售为一体的私营、民营制药企业。该公司先后被评为农业产业化国家重点龙头企业、全国守合同重信用单位、国家高新技术企业、国家扶贫龙头企业、国家创新型试点企业。2010年5月7日，我校组织师生到贵州信邦制药股份有限公司开展了实践活动。

附录 2 | 贵州医科大学思想政治理论课实践教学安排及社会实践报告撰写规范

一、贵州医科大学思想政治理论课实践教学安排

（一）实践教学对象、学分

实践教学对象为本校本科学生和专科学生，建议设置 2 学分、36 学时开展高校思想政治理论课实践教学。

（二）实践教学学时分配

高校思想政治理论课实践教学是一门特殊的课程，教学过程比较复杂，大致要经历实践教学准备、实践教学过程、实践教学总结等步骤。高校思想政治理论课实践教学学时分配可参见附表 2-1。

附表 2-1 只是对高校思想政治理论课实践教学学时的原则性的安排，由于高校思想政治理论课实践教学涉及课堂上下、校园内外、师生之间，需要较长时间的准备和实施，而且往往都要利用课余时间开展，因此，在对高校思想政治理论课实践教学时间的具体安排上应该更加灵活一些为好。为了便于学生利用充裕的课余时间开展

附录2 贵州医科大学思想政治理论课实践教学安排及社会实践报告撰写规范

附表 2-1 高校思想政治理论课实践教学学时分配

实践教学步骤	周 次	实践教学项目	学时分配 本科	学时分配 专科
实践教学准备	第1周至第4周	实践教学动员	2学时	1学时
		实践教学课堂集中辅导	4学时	2学时
		编制实践方案、联系实践场所、准备实践用品	2学时	1学时
实践教学过程	第5周至14周	选定实践项目	2学时	1学时
		组织实践队伍、开展实践活动	18学时	10学时
实践教学总结	第15周至第18周	整理、分析实践材料撰写、提交实践报告	6学时	2学时
		分析、总结	2学时	1学时
合计	18周		36学时	18学时

实践活动，可以不拘泥于一个学期，而是跨越学期界限，将高校思想政治理论课实践教学贯穿两个学期、分三个阶段进行，即第一阶段是在开设高校思想政治理论课实践教学的学期，做好实践教学的充分准备，有条件的学生可以开展实践活动；第二阶段是学期结束以后的假期，还没开展实践活动的学生，要针对目标、实地开展实践活动；第三阶段是在假期结束、新学期开学以后，进行高校思想政治理论课实践教学总结。同时，在学校课程表上，可以将高校思想政治理论课实践教学进行灵活的安排，以便教师和学生因时制宜地组织开展实践活动。

二、贵州医科大学思想政治理论课实践教学社会实践报告撰写规范

为了规范、统一实践报告，以便于任课教师和学生辨认、装订、提交，实践报告必须要有统一的格式。

（一）实践报告的封面

实践报告的封面必须按照规定的字体、字号、格式，注明以下几项信息：贵州医科大学思想政治理论课实践报告（黑体/小4号字）、实践报告标题（黑体/3号字）、姓名（宋体/4号字加粗）、学号（宋体/4号字加粗）、专业（宋体/4号字加粗）、年级班级（宋体/4号字加粗）、联系电话（宋体/4号字加粗）、成绩（宋体/4号字加粗）、任课教师（宋体/4号字加粗）、年月日（宋体/4号字加粗）等。实践报告封面的字体、字号、格式要求和示例见附图2-1、2-2。

（二）实践报告的字数、排版要求

实践报告的字数一般不能少于3000字。

实践报告排版时，除了实践报告封面，实践报告内容的每一页都应有页眉。贵州医科大学思想政治理论课实践报告的页眉应采用宋体、小五号，居中排版，如附图2-3所示。

附录2 贵州医科大学思想政治理论课实践教学安排及社会实践报告撰写规范

贵州医科大学思想政治理论课实践报告（黑体/小4号字）

实践报告标题（黑体/3号字）

姓　　名（宋体/4号字加粗）_____

学　　号（宋体/4号字加粗）_____

专　　业（宋体/4号字加粗）_____

年级班级（宋体/4号字加粗）_____

联系电话（宋体/4号字加粗）_____

成　　绩（宋体/4号字加粗）_____

任课教师（宋体/4号字加粗）_____

年　月　日（宋体/4号字加粗）

附图2-1　实践报告的封面的字体、字号、格式要求

贵州医科大学思想政治理论课实践报告

关于在×××村开展下乡义务支教的实践报告

姓　　名	张××
学　　号	2017×××××××
专　　业	临床医学
年级班级	2017级A班
联系电话	13××××××××××
成　　绩	
任课教师	孙××

××××年×月×日

附图2-2　实践报告的封面示例

> 贵州医科大学思想政治理论课实践报告

附图2-3　实践报告的页眉示例

（三）实践报告的内容顺序

1. 标题

2. 正文

（1）前言

（2）主体

（3）结尾

3. 落款

4. 附录

（四）实践报告的字体、字号

（1）页眉：宋体、小5号，居中排版。

（2）实践报告标题：用小3号黑体，居中排列，上下各空一行。

（3）一级标题：起首空两字符，标题序号为"一、"，宋体、小4号、加粗，独占行，末尾不加标点。

（4）二级标题：起首空2字符，标题序号为"（一）"，宋体、小4号、加粗，独占行，末尾不加标点符号。

（5）三级以下标题：起首空2字符，三、四、五级标题序号分别为"1."""（1）"和"①"，与正文字体字号相同，可根据标题的长短确定是否独占行。若独占行，则末尾不使用标点；否则，标题后必须加句号。每级标题的下一级标题应各自连续编号。

（6）正文部分：宋体、小4号，每段起首空2字符，回行顶格。

（7）社会实践报告内容的每一页应插入页脚，页脚内容为页码，页码居中排版。

实践报告正文的字体、字号等示例如附图 2-4 所示。

贵州医科大学思想政治理论课实践报告

关于在 ××× 村开展下乡义务支教的实践报告

　　××××年×月×日,××××组织全校××××级各专业××名学生、××名教师到××省××市××县××镇××村开展下乡支教实践活动,我作为××专业××××级学生,有幸参加了本次实践活动。现将本次实践活动的有关情况报告于下:

一、在 ××× 村开展下乡义务支教的基本情况

　（一）……

　1、……

　　（1）……

　………

二、在 ××× 村开展下乡义务支教的过程及内容

　………

三、在 ××× 村开展下乡义务支教的心得体会

　………

—1—

附图 2-4　实践报告正文的字体、字号等示例

（五）实践报告的排版格式设置

操作方式：格式—段落—缩进和间距—对齐方式（两端对齐）—大纲级别（正文文本）—缩进（左 -0 字符、右 -0 字符）—特殊格式（首行缩进）—度量值（2 字符）—段前（0 行）—段后（0 行）—行距（固定值）—设置值（20 磅）。如果定义了文档网格，则自动调整右缩进，对齐网格。

（六）实践报告打印、装订

1. 打印用纸

实践报告需按统一格式用 A4 标准纸打印。

2. 页面设置

纸型：A4。

方向：纵向。

页边距：上 3cm，下 2cm，左 2.5cm，右 2cm。

页眉：2cm。

页脚：1.5cm。

3. 装订

左侧双钉装订。

参考文献

[1] 王东，陈先. 新时期高校思想政治教育理论与实践 [M]. 北京：九州出版社，2019.

[2] 余勇. 高校思想政治理论课实践教学：实践与创新 [M]. 成都：电子科技大学出版社，2017.

[3] 徐剑波. 探索高等农业院校"五四三二一"实践育人体系研究 [M]. 北京：中国社会出版社，2017.

[4] 杨非，伍慧玲. 大学生思想政治理论课实践教学教程 [M]. 西安：西安电子科技大学出版社，2019.

[5] 顾永新，刘萍丽. 高校思想政治理论课实践教学案例研究 [M]. 西安：西北工业大学出版社，2019.

[6] 邹建平，陈静，陈君. 高校思想政治理论课实践教学研究 [M]. 北京：北京理工大学出版社，2018.

[7] 吕志，张居永. 高校思想政治理论课实践教学创新与探索 [M]. 广州：华南理工大学出版社，2018.

[8] 李宇卫. 普通高校思想政治理论课实践教学概述 [M]. 成都：西南交通大学出版社，2016.

[9] 陈历，杨英. 理论、方法与实践：高校思想政治理论课实践教学研究 [M]. 厦门：厦门大学出版社，2018.

[10] 黄祖辉.高校思想政治理论课实践教学指导[M].广州：华南理工大学出版社，2015.

[11] 张云阁,贺尧夫.高校思想政治理论课实践教学创新研究[M].杭州：浙江大学出版社，2015.

[12] 许义文.高校思想政治理论课实践教学指南[M].沈阳：辽宁教育出版社，2012.

[13] 赵丽君.高校思想政治理论综合实践课教学探研[M].延吉：延边大学出版社，2019.

[14] 唐世刚,杨江民.高校思想政治理论课教学理论与实践创新研究[M].重庆：重庆出版社，2015.

[15] 王金伟,李梁.高校思想政治理论课教育教学供给侧结构性改革实践研究[M].上海：上海大学出版社，2017.

[16] 华学成,王红艳,张琴.高校思想政治理论课理论与实践一体化教学模式研究[M].徐州：中国矿业大学出版社，2014.

[17] 朱云生,张清学.高校思想政治理论课综合实践教学论[M].成都：西南交通大学出版社，2011.

[18] 孙晓峰.高校思想政治理论课教学管理机制创新的理论与实践[M].合肥：合肥工业大学出版社，2013.

[19] 孙景民.高校思想政治理论课实践教学研究[M].长春：吉林人民出版社，2018.

[20] 戴钢书等.高校思想政治理论课实践教学论[M].北京：中国人民大学出版社，2015.

[21] 郭纯平.我国高校思想政治理论课实践教学研究[M].广州：世界图书出版广东有限公司，2014.

[22] 刘薇.高校思想政治理论课"网络-课堂-实践"一体化教学体系构建研究[M].北京:中国纺织出版社,2019.

[23] 陈钢,孔庆茵,吴涯.高校思想政治理论课实践教学实用教程[M].2版.北京:高等教育出版社,2018.